Max Nietzki

Heinrich Heine als Dichter und Mensch

SEVERUS

Nietzki, Max: Heinrich Heine als Dichter und Mensch
Hamburg, SEVERUS Verlag 2014

ISBN: 9-783-86347-813-1
Druck: SEVERUS Verlag, Hamburg, 2014
Nachdruck der Originalausgabe von 1895

Der SEVERUS Verlag ist ein Imprint der Diplomica Verlag GmbH.

Bibliografische Information der Deutschen Nationalbibliothek:
Die Deutsche Nationalbibliothek verzeichnet diese Publikation in der Deutschen Nationalbibliografie; detaillierte bibliografische Daten sind im Internet über http://dnb.d-nb.de abrufbar.

Heinrich Heine

als Dichter und Mensch.

Beiträge zu seiner Charakteristik

von

Dr. Max Nietzki,
Königsberg i/Pr.

SEVERUS

I.

Ist Heine nur ein leuchtendes Meteor am deutschen Dichterhimmel oder ein Stern von ewigem und reinem Glanze? Nimmt er, wie viele, auch Männer von Geschmack und Bildung, urteilen, in der deutschen Lyrik nach Goethe den ersten Rang ein, hat er wirklich, wie er rühmt, „ein ganzes Heer von ewigen Liedern gedichtet“, oder bezeichnet er die tiefste Korruption der deutschen Poesie, wie Wolfgang Menzel in seiner Geschichte der deutschen Dichtung*) behauptet? Ist Heine, zumal in seinen prosaischen Schriften, wirklich der Vorkämpfer für die heiligsten Ideeen, der Märtyrer für die Freiheit des Menschengeschlechts, für den er sich ausgiebt, oder war er ein gesinnungs- und charakterloser, von der französischen Regierung besoldeter Skribent, ein durch glänzende Begabung gefährlicher falscher Prophet, dessen „welterlösende Ideeen“ auf Aberwitz, Lüge und gemeiner Sinnenlust beruhten, ein „Dämon des Zerfalls und der Zerstörung“, der die Erschütterung von Thron und Altar, die Verbreitung von Irreligiosität und vaterlandsfeindlicher Gesinnung auf sein Banner geschrieben hatte?

Wohl bei keinem andern Dichter sind so völlig entgegengesetzte Beurteilungen derselben Persönlichkeit überhaupt denkbar, bei Heine sind sie ein Faktum; schon bei seinen Lebzeiten hat er zugleich die höchste Bewunderung und schärfste Verurteilung erfahren, und gleich nach seinem Tode erschienen schnell nacheinander eine Höllen- und eine Himmelfahrt Heines. Ähnlich

*) W. Menzel, Deutsche Dichtung Band III S. 464.

schwankt das Urteil noch heute; es giebt Verehrer und besonders Verehrerinnen des Dichters, die den denkbar höchsten poetischen Genuß zu haben, ja in das Zauberland der Poesie selbst entrückt zu sein glauben, wenn ein Sänger mit furchtbar anschwellender Stimme versichert, daß er durch die „von der bleichen Hand des unglückseligen Weibes fortgetrunkenen Thränen vergiftet sei"; es giebt aber auch strengere Kritiker, die Heines Dichtung bis auf wenige Ausnahmen für das gerade Gegenteil, für die Aufhebung und Zerstörung wahrer Poesie, für eine poetische Verhöhnung der Dichtkunst halten. Für die große Menge jedoch ist und bleibt er nun einmal der Inbegriff alles poetisch Interessanten; die bestrickende, dem Volksliede abgelauschte Einfachheit und nachlässige Grazie der dichterischen Form, die unendliche, echt romantische Sehnsucht nach Lotosblumengärten, Geisterinseln, versunkenen Städten —, des Dichters Weltschmerz und Weltverhöhnung bei glühender Welt- und Lebenslust und vor allem der unvergleichliche Witz des „Sängers mit dem blutenden Herzen" üben besonders auf jugendliche Gemüter einen dämonischen Zauber aus. Das schier unlösbare Rätsel seines unseligen Lebens, die leidenschaftlich wilden Klagen über verratene Liebe und nicht zuletzt die unerhörten Qualen eines jahrelangen Hinsterbens gewinnen ihm das tiefste Mitleid gefühlvoller Seelen, und das Mitleid ist nach Heines eigenen Worten*) „die letzte Weihe der Liebe, vielleicht die Liebe selbst."

Der Kampf um Heines Stellung in der Litteratur, der schon bei seinen Lebzeiten begann, nach seinem Tode lebhafter entbrannte, dann wieder nachließ, ohne jemals ganz zu ruhen, ist im Jahre 1886 mit dem Erlöschen des ausschließlichen Verlagsrechtes von Hoffmann und Campe in ein neues Stadium getreten; ganz Deutschland wurde plötzlich mit einer endlosen Flut von Heineausgaben zu den billigsten Klassikerpreisen überschwemmt, so daß der Dichter gewissermaßen eine Auferstehung feierte. Der Streit um das Heinedenkmal in des Dichters Vaterstadt bezeichnete den Höhepunkt leidenschaftlicher Partei-

*) Die Stadt Lucca Kap. VI.

nahme; die Verweigerung eines Platzes für sein Monument durch die Behörden Düsseldorfs*) wurde von der einen Seite mit größter Genugthuung begrüßt, von der andern als ein Akt engherzigster Beschränktheit in Broschüren und Zeitungsartikeln aufs heftigste angegriffen, — ja in Versen, die Heines Manen schwerer beleidigten, als die Anfeindungen seiner Widersacher.

Jetzt, da die Erregung der Gemüter ruhigern, mehr objektiven Erwägungen Platz zu machen beginnt, ist der Versuch wohl zeitgemäß, durch eine eingehendere kritische Untersuchung über Heines Charakter als Dichter und Mensch sich Klarheit zu verschaffen und in einer Zeit- und Streitfrage von allgemeinem Interesse zu einem selbständigen und begründeten Urteil zu gelangen.

Gebührt Heine als Lyriker der Platz neben Goethe, den man so oft und gerne ihm zuweist? verdient er, daß ihm als Dichter oder gar als politischem Schriftsteller vom deutschen Volke ein Ehrendenkmal gesetzt wird?

Wenn man seiner bloßen Begabung diese Ehre zu teil werden lassen könnte, so würde schwerlich jemand sie ihm weigern; gedenkt man aber des Gebrauches, den der Dichter von seinem Talente gemacht, so gehen die Ansichten weit auseinander.

Daß Heines Begabung eine glänzende ist, wird kaum jemand leugnen. Er besitzt die lebhafteste Dichterphantasie, die freilich mit Vorliebe den Nachtseiten und Abgründen des Lebens sich zuwendet oder in phantastischen burlesken Einfällen sich ergeht, ein unendlich leicht erregbares, wenn auch nicht tiefes und stetes Empfinden und das echt dichterische Vermögen, das fein und schön Empfundene (oder Nachempfundene) in origineller Fassung mit wenig Worten lebendig und anschaulich vor unser geistiges Auge zu zaubern; er ist ein Meister in der Ausmalung landschaftlicher Stimmungsbilder wie in derb realistischen Charakterskizzen, weil er das Wesentliche vom Unwesentlichen mit scharfem

*) Neuerdings hat sich derselbe Vorgang in Mainz wiederholt, wie die Zeitungen meldeten.

Blick unterscheidet und mit wenigen, aber verblüffend richtigen Strichen zu zeichnen weiß. Wahre Kabinettsstücke dieses effektvollen Realismus sind die Schilderungen des Förster- und des Pfarrhauses mit ihren Bewohnern (Heimkehr 5 und 30), des Sturmes und der Meeresstille (Heimkehr 13, Nordsee I 9), des indischen Lotosblumengartens, des träumenden Fichtenbaums (Lyr. Interm. 9 und 33), der plattköpfigen Lappländer und der schönen Fischerstochter (Heimk. 7, Nordsee I 4).

Mit der Kunst eines Ostade weiß Heine einen an sich höchst unbedeutenden Vorgang durch stark realistische Kleinmalerei zu einem überraschenden Effektstück herauszuarbeiten; ein treffliches Muster dieser Gattung ist das 31. Gedicht der Heimkehr:

Das ist ein schlechtes Wetter,
Es regnet und stürmt und schneit;
Ich sitze am Fenster und schaue
Hinaus in die Dunkelheit.

Da schimmert ein einsames Lichtchen,
Das wandelt langsam fort;
Ein Mütterchen mit dem Laternchen
Wankt über die Straße dort.

Ich glaube, Mehl und Eier
Und Butter kaufte sie ein;
Sie will einen Kuchen backen
Fürs große Töchterlein.

Die liegt zu Haus im Lehnstuhl
Und blinzelt schläfrig ins Licht,
Die goldenen Locken wallen
Über das süße Gesicht.

Es ist, als sähen wir plötzlich vermittelst einer Zauberlaterne buntfarbige Bilder auf die Leinwand geworfen.

Wie alle deutschen Lyriker von Bedeutung hat auch Heine aus dem Jungbrunnen des deutschen Volksliedes geschöpft, wenn er auch nur seine äußere Form, das Kleid, nicht seinen Gehalt, die Seele zu erfassen wußte. Durch eindringendes Studium und feinen dichterischen Instinkt hat er den Ton schlichter Einfalt und Natur, der ebenso sanft zu rühren wie tief zu erschüttern vermag, sich zu eigen gemacht und wendet ihn auf Stoffe, die er dem konventionellen Leben der höheren Gesellschaft entnimmt, mit hohem Glücke an; was Heines besten Liedern ihren berückenden Reiz verleiht, ist eben gerade jene dem Volksliede abgelauschte schlichte und doch so gewinnende Anmut, die, bei ihm ein Resultat sorgfältigster Feile und einer beinahe raffiniert zu nennenden Technik, doch wie ein reines Erzeugnis schöner Natur erscheint; im Tone des Volksliedes, ja manchmal mit Benutzung seiner Gedanken*) weiß Heine, als virtuoser Meister der Sprache, mit schlagender Kürze des Ausdrucks das komplizierte Weh des modernen Kulturmenschen zu dichterischer Gestaltung zu bringen; für die träumerische Stimmung sehnsüchtigen Verlangens findet er süße Töne voll Schmelz und Weichheit und für den leidenschaftlichen Aufschrei hoffnungsloser Verzweiflung erschütternde Naturlaute. —

Wie kommt es nun, daß trotz all dieser blendenden Vorzüge der Heineschen Muse die weitaus größere Zahl seiner Gedichte einen *reinen* ästhetischen Genuß in uns nicht aufkommen läßt?

Der letzte Grund dieser Erscheinung dürfte nicht sowohl in vereinzelten schwerwiegenden Mängeln zu suchen sein, als darin, daß es dem Dichter an einer durch Selbstzucht veredelten Persönlichkeit fehlte. „Kein noch so großes Talent", sagt Schiller, „kann dem einzelnen Kunstwerk verleihen, was dem Schöpfer desselben gebricht." **)

---

*) Wem fällt es z. B. auf, wenn er Heines Grenadiere, das vielgeliebte Paradestück der Konzerte, vortragen hört, daß die poetisch wirksamste Wendung des Gedichtes dem Volksliede entnommen ist?

In der schottischen Ballade „Edward", die schon Herder in den „Stimmen der Völker" mitteilte, heißt es:

„Und was soll werden dein *Weib und Kind*,
Wenn du gehst über Meer? — O!"
„„Die Welt ist groß, laß *sie betteln drin*, —
Ich seh' sie nimmermehr — O!""

**) Hempelsche Ausg., Bd. 14 S. 523.

Zu derselben Überzeugung bekennt sich Goethe, wenn er in seinem „Wort für junge Dichter"*) betont, daß der Künstler, „gebärde er sich, wie er will, immer nur sein Individuum zu Tage fördern wird." — Dies Vermächtnis des Altmeisters der deutschen Dichtung verdient, weil es für Dichter von Heines Schlage eigens geschrieben scheint, ja Goethe ihn vielleicht vor andern im Auge hatte, hier eine ausführlichere Wiedergabe. Es heißt da: „Der junge Dichter . . . beseitige streng allen Widergeist, alles Mißwollen, Mißreden und was nur verneinen kann; denn dabei kommt nichts heraus . . . Poetischer Gehalt ist Gehalt des eigenen Lebens; den kann uns niemand geben . . . Sich frei zu erklären ist eine große Anmaßung; denn man erklärt zugleich, daß man sich beherrschen wolle; und wer vermag das? Zu meinen Freunden, den jungen Dichtern, sprech' ich hierüber folgendermaßen:, Ihr habt jetzt eigentlich keine Norm, und die müßt ihr euch selbst geben; fragt euch nur bei jedem Gedicht, ob es ein Erlebtes enthalte, und ob dies Erlebte euch gefördert habe! Ihr seid nicht gefördert, wenn ihr eine Geliebte, die ihr durch Entfernung, Untreue, Tod verloren habt, immerfort betrauert. Das ist gar nichts wert, und wenn ihr noch so viel Geschick und Talent dabei aufopfert."

Ob Heine diese Ratschläge Goethes jemals kennen lernte, steht nicht fest, sicher ist nur, daß er ihnen allzeit genau entgegengehandelt hat.

Kein Wunder, wenn bei seinen Gedichten vielfach „nichts herauskommt", wenn er an sich erfahren mußte, „daß die Muse zu begleiten, doch zu leiten nicht versteht," und daß die Fehler und Mängel des Künstlers sich als Fehler und Mängel des Kunstwerkes rächten.

So offenbart sich in Heines Gedichten ein Mangel an Wahrheit und Stetigkeit, an Tiefe und Reinheit der Empfindung, den alle witzigen Schlußpointen weder ersetzen noch verdecken können, eine starke Neigung zu eitler Selbstbespiegelung, zur Koketterie

*) Hempelsche Ausg., Bd. 29 S. 230.

mit unendlichen Seelenschmerzen, eine ausgesprochene Vorliebe für Frivolitäten, für das Gemeine und Niedrige, ja Schmutzige, eine auffallende Armut an Ideeen und ungewöhnlich enge Begrenztheit seiner Dichtung in Stoff und metrischer Form. Eine nähere Prüfung wird darthun, ob und in welchem Maße diese Ausstellungen berechtigt sind. —

Was haben wir zunächst von der Wahrheit, Stärke und Tiefe der Heinischen Gefühle zu halten? — Wenn wir uns erinnern, daß nach einem Worte des jungen Goethe, der soeben die Flügel seines Dichtergenius aufs kühnste entfaltete, „ein volles, ganz von einer Empfindung volles Herz den Dichter macht,“ *) erscheint jene Frage wichtig genug. Ist Heines Empfinden von jener die ganze Seele füllenden Kraft? — Wenn man seinen eigenen Worten glauben will — ohne Zweifel, denn sicher spricht kein einziger Dichter, auch kein Lyriker, so viel von der Allgewalt seiner Gefühle, von seinen „großen Schmerzen“. Doch da ergeht es uns in der Kunst gerade wie im Leben; wer immerfort mit selbstgefälliger Wichtigthuerei von der Stärke und Tiefe seiner Gefühle, seiner Seelenschmerzen redet, macht sie uns weit eher verdächtig als glaubhaft, besonders wenn sein Leben und Charakter im übrigen jenen Beteuerungen keineswegs entspricht. Bei Heine kommt dazu noch die eigentümliche Freude an der Selbstverhöhnung dieser mit so großer Emphase zur Schau gestellten Empfindungen, so daß es uns nicht wunder nehmen kann, wenn viele an eine bewußte Unwahrheit, an eine völlige Verlogenheit der Heinischen Dichtung glauben. So einfach liegt indes die Sache keineswegs, und mit diesem bequemen Radikalverfahren ist der Wahrheit durchaus nicht gedient. Es kann vielmehr keinem Zweifel unterliegen, daß die leidenschaftliche, aber unerwiderte Liebe Heines zu seiner Cousine Amalie, der Tochter des Hamburger Millionärs, das Herzenserlebnis ist, dem seine besten Liebeslieder ihre Entstehung verdanken. Das beweist allein schon Heines Brief an Varnhagen vom 19. Oktober 1827, sowie sein Gedicht „An die Tochter der Geliebten“, in welchem er

*) Götz von Berlichingen, Akt I.

jene „Du kleine Cousinenknospe“ nennt. (Gemeint ist Elisabeth Friedländer, die Tochter Amalie Heines, spätere Frau Professor Leo in Berlin.)

Die höchst interessanten, von H. Hüffer veröffentlichten Jugendbriefe Heines*) an seinen Freund Sethe bestätigen dies und geben bedeutsame weitere Aufschlüsse über den Seelenzustand des jugendlichen Dichters. Wir finden hier in Prosa, was das Buch der Lieder in Versen bietet, dieselben leidenschaftlichen Liebesklagen, aber auch die Sucht, die Schmerzen zur Schau zu stellen, sie stark zu übertreiben, um durch die Größe des Martyriums Bewunderung und Rührung hervorzurufen. Wenn ein achtzehnjähriger Jüngling von den „riesig hohen Schmerzgestalten“ spricht, „die aus den gähnend weiten, blutigen Herzwunden hervorsteigen“, von seinem „ganz bleichen, gewaltig verstörten und wahnsinnigen Gesicht“, und wie ihn der Freund „bei einem einzigen Blick in seine innere Seele erst recht lieb gewinnen würde“: wer sollte in so überschwenglichen Worten nicht ein in Übertreibungen ursprünglich wahrer Gefühle sich gefallendes Spiel der Phantasie sehen, wer nicht ein gewisses Prahlen mit dem „ungeheuren Weh“, durch dessen Größe der „so gewaltig Unglückliche“ auch gewaltig interessant und bemitleidenswert erscheinen möchte?

E. Elster hat den Nachweis zu erbringen versucht**), daß der Dichter später (seit dem Sommer 1823) von einer heftigen Leidenschaft für Amaliens acht Jahre jüngere Schwester Therese erfaßt wurde und dieser eine erhebliche Anzahl von Liedern, besonders der Heimkehr, gelten. Wenn man auch im einzelnen mit dem verdienten Forscher rechten könnte, so scheint mir seine Beweisführung im ganzen doch durchaus überzeugend und vollständig gelungen. —

Lagen somit den leidenschaftlichen Klagen der Heinischen Liebesdichtung ursprünglich wahre, nur durch die dichterische

*) H. Hüffer, Aus dem Leben H. Heines. 1878.

**) Deutsche Litteraturdenkmäler des 18. und 19. Jahrh. Nr. 27 S. XXVIII ff., Einleitung seiner Heineausgabe Bd. I S. 40 ff. und besonders Vierteljahrsschrift für Litteraturgesch. 1891 S. 474 ff.

Phantasie übertriebene Seelenschmerzen zu Grunde, so werden doch diese Klagen und Anklagen allmählich zu feststehenden Requisiten seiner Lyrik, sie bilden den durch frühere Erfolge als wirksam beglaubigten poetischen Apparat, gewissermaßen die lyrische Maske des Dichters, in der er sich schließlich, wo sein Herz gar nicht mehr mitspricht, über leichtgläubige, gefühlvolle Seelen lustig macht. Dem minder Harmlosen indes scheint bei solchen übertriebenen Wendungen ein Seitenblick des Einverständnisses zu sagen: „Die dummen Gänse glauben mir alles.“*) Ein kleine Auswahl aus dem „Buch der Lieder“ wird diese Natur des Heinischen Schmerzes erweisen. Die „Romanzen“ eröffnet der Vers:

> Allen thut es weh im Herzen,
> Die den bleichen Knaben sehn,
> Dem die Leiden, dem die Schmerzen
> Aufs Gesicht geschrieben stehn.

Ganz der Ton der Briefe an Sethe! Dieselbe Rücksicht darauf, welchen Eindruck der „gewaltig Unglückliche“ macht, den man aus Mitleid liebgewinnen soll.

Ähnlich heißt es im lyrischen Intermezzo (Nr. 38):

> Am Tage schwankte ich träumend
> Durch alle Straßen herum,
> Die Leute verwundert mich ansahn,
> Ich war so traurig und stumm.

Wunderbar nur, wie der schwankende Träumer sein eignes Aussehn und dessen Wirkung so genau beobachten konnte! — Wahrer Schmerz kümmert sich wenig um den Eindruck, den er macht, doch während Heine mit dem einen Auge weint, späht er bereits mit dem andern nach dem Rührerfolge seiner Thränen. Und wenn er so gerne von seinem blassen Angesicht, seinen hohlen, bleichen Wangen spricht, woher kann er diese Kenntnis anders haben als aus dem Spiegel?

In der Romanze „Die Minnesänger“ verrät uns der Dichter, welche praktischen Erfolge die Todeswunde im Herzen dem Sänger in Aussicht stellt:

*) Scherer, Geschichte der deutschen Litteratur S. 663.

Wem am besten dringet
Liederblut aus Herzensgrund,
Der ist Sieger, der erringet
Bestes Lob aus schönstem Mund.

Gleich das folgende Gedicht, die frivole „Fensterschau", zeigt dann, wie „der bleiche Heinrich" aus seinem gespensterblassen Aussehen noch ganz andere Vorteile zu ziehn weiß als Siegespreise im Sängerkampf. —

„Schön Hedwig stand nun in Liebesharm
Tagtäglich lauernd am Fenster;
Bald aber lag sie in Heinrichs Arm
Allnächtlich zur Zeit der Gespenster."

Hiermit vergleiche man, was Heine kurz vor dem Ausbruch seiner schrecklichen Krankheit (am 13. April 1847) Madame Jaubert, der „kleinen Fee", in einem Briefe mitteilt; die Übereinstimmung ist überraschend, zumal wenn man bedenkt, daß die Briefstelle mehr als ein Vierteljahrhundert später geschrieben ist: „Wenn ich durch die Straßen gehe, wenden sich die hübschen Weiber um; meine geschlossenen Augen — das rechte Auge ist nur noch ein achtel offen — meine hohlen Wangen, mein phantastischer Bart, mein schwankender Gang, alles das giebt mir das Aussehn eines Sterbenden, das mich reizend kleidet. Ich versichere Sie, ich habe in diesem Augenblick einen außerordentlichen Erfolg als Todeskandidat."

Trotz des scherzenden Tones zeigt hier der Dichter, wie wohl er sich der Wirkung sichtbaren Leidens auf gefühlvolle Seelen bewußt war; dieselbe Kenntnis verrät er in den Versen:*)

Das Publikum glaubt oft der Lüge
Aus Mitleid: es sind so leidend die Züge
Der Heuchler und ihr Dulderblick.

Im „lyrischen Intermezzo" verspricht sich der Dichter gleich zu Anfang wieder von seinen Seufzern und Thränen die großartigsten Wirkungen. Es heißt da im zweiten Liede:

Aus meinen Thränen sprießen
Viel blühende Blumen hervor,
Und meine Seufzer werden
Ein Nachtigallenchor.

*) Aus dem Gedichte: Der Wanzerich.

Nicht minder selbstgefällig beginnt das 36. Gedicht:

> Aus meinen **großen Schmerzen**
> Mach' ich **die** (!) kleinen Lieder.

Den Gipfel der Geschmacklosigkeit erreicht Heine jedoch im letzten Gedichte des lyrischen Intermezzos, wo er in einem Sarge, größer wie das Heidelberger Faß, auf einer Bahre, länger wie die Mainzer Brücke, von zwölf Riesen seine Schmerzen samt Liebe und Liedern begraben lassen will — —

In der Heimkehr, die Heines beste Lieder enthält, beginnen die Klagen aufs neue:

> Ich **unglücksel'ger Atlas**, eine **Welt**,
> Die **ganze Welt der Schmerzen** muß ich **tragen**;
> Ich trage Unerträgliches, und brechen
> Will mir das Herz im Leibe.

Diese „ganze Welt" der Schmerzen kann aber unmöglich den vom Dichter beabsichtigten, erschütternden Eindruck auf uns machen, wenn gleich das nächste Gedicht mit den Worten schließt:

> Nur einmal noch möcht ich dich sehen
> Und sinken vor dir aufs Knie
> Und sterbend zu dir sprechen:
> „**Madam, ich liebe Sie!**"

Solche Wendungen hat H. v. Treitschke*) im Auge, wenn er in seiner scharfen, jedoch auf gründlicher Kenntnis beruhenden Besprechung Heines und seiner Dichtungen**) sich also äußert: „Noch öfter überwältigte ihn der Drang der Selbstverhöhnung also, daß er sich von der Höhe des idealen Gefühles plötzlich mit einem Bocksprunge in die Plattheit der Zote oder des schlechten Witzes hinabstürzte und den Lesern grinsend die Unwahrheit seiner eigenen Empfindung eingestand."

---

*) H. v. Treitschke, Deutsche Geschichte im 19. Jahrhundert Bd. III S. 711.

) Die ganz unwissenschaftliche, kritik- und verständnislose Broschüre Paul Nerrlichs: „Herr von Treitschke und das junge Deutschland", die ihres pamphletartigen Charakters halber mehrere Auflagen erlebt hat, richtet nicht Treitschke, sondern den Verfasser selbst. — Ein Ausspruch Nerrlichs dürfte seines erheiternden Inhalts wegen weitere Kreise interessieren; er lautet: „ohne Börne kein Bismarck.**" (S. 21.)

Durch die freimütigsten Geständnisse zwingt uns der Dichter selbst zu dem Glauben an diese Natur seines Empfindens; so bekennt er in der Heimkehr:

Man glaubt, daß ich mich gräme
In bitt'rem Liebesleid,
Und endlich glaub' ich es selber
So gut wie and're Leut'. (Nr. 32.) —

Habe mich mit Liebesreden
Festgelogen an dein Herz
Und verstrickt in eignen Fäden,
Wird zum Ernste mir mein Scherz. (Nr. 59.)

Das merkwürdigste Bekenntnis dieser seltsamen Verquickung von Wahrheit und Lüge, des Komödiespielens mit ursprünglich wirklich vorhandenen Gefühlen giebt folgendes Gedicht der „Heimkehr" (Nr. 46):

Nun ist es Zeit, daß ich mit Verstand
Mich aller Thorheit entled'ge,
Ich hab' so lang als Komödiant
Mit dir gespielt die Komödie.

Die prächt'gen Coulissen, sie waren bemalt
Im hochromantischen Stile,
Mein Rittermantel hat goldig gestrahlt,
Ich fühlte die feinsten Gefühle.

Und nun ich mich gar säuberlich
Des tollen Tands entled'ge,
Noch immer elend fühl' ich mich,
Als spielt' ich noch immer Komödie.

Ach Gott im Scherz und unbewußt
Sprach ich, was ich gefühlet,
Ich hab' mit dem Tod in der eignen Brust
Den sterbenden Fechter gespielet.

Die Schlußpointe ist wieder stark übertrieben; bekanntlich war es nicht die unglückliche Liebe, die Heine den Tod gegeben; im übrigen macht uns der Dichter dasselbe Geständnis in Prosa, wenn er im letzten Kapitel des Buches „Le Grand" bekennt:

„Bis auf den letzten Augenblick spielen wir Komödie mit uns selber."

Da manche von Heines Liedern einer Selbstpersiflage gleichkommen, ist es nicht zu verwundern, wenn von seinen Gegnern der vom Dichter selbst gewiesene Weg der Selbstverhöhnung unwahrer Gefühle in zahlreichen Parodieen betreten wurde. Eine seltsame Ironie lag jedoch darin, daß gerade die beste von ihnen, die Wilhelm Neumann, einem Freunde Chamissos, ihre Entstehung verdankt, Heine selbst zugeschrieben wurde. Sie lautet:

Den Gräber nährt sein Spaten,
Den Bettler sein lahmes Bein,
Den Wechsler seine Dukaten,
Mich meine Liebespein.

Drum bin ich dir sehr verbunden,
Mein Kind, für dein treulos Herz;
Viel Gold hab' ich gefunden
Und Ruhm im Liebesschmerz.

Nun sing' ich bei nächtlicher Lampe
Den Jammer, der mich traf;
Er (!) kommt bei Hoffmann und Campe
Heraus in Klein-Oktav.

Nicht minder fordern zu Parodieen heraus die unerträglichen, ja geradezu läppischen Tändeleien, in denen sich mitunter der Dichter gefällt; ich denke hier nicht an die älteren Gedichte vom „wunnevollen Magedein" und „bleich Blümelein", die in dem jugendlichen Alter des Verfassers ihre Erklärung finden, sondern an Werke aus der Zeit seiner reifsten Kunst. Im lyrischen Intermezzo lautet das 56. Gedicht:

Allnächtlich im Traume seh' ich dich
Und sehe dich freundlich grüßen,
Und laut aufweinend stürz' ich mich
Zu deinen süßen Füßen (!)

Du siehst mich an wehmütiglich
Und schüttelst das blonde Köpfchen;
Aus deinen Augen schleichen sich
Die Perlenthränentröpfchen (!)

Du sagst mir heimlich ein leises Wort
Und giebst mir den Strauß von Cypressen;
Ich wache auf, und der Strauß ist fort,
Und das Wort hab' ich vergessen (!)

Wie schade! Da bleibt dann freilich nur noch die Erinnerung an die süßen Füße der Geliebten und ihre Perlenthränentröpfchen!

Auch in den Gedichten des „neuen Frühlings", die Heine in seinem kräftigsten Mannesalter schrieb, fehlt es durchaus nicht an solchen nichtigen Tändeleien. Da ist der Sonnenstrahl in den Schmetterling verliebt, der Schmetterling seinerseits liebt die Rose, — so viel hat der Dichter heraus, — unentschieden muß aber zu seinem Kummer die hochwichtige Frage bleiben, ob die Rose in die Nachtigall oder in den Abendstern verliebt sei Wie poetisch! — Das vierte Lied des „neuen Frühlings" lautet:

Ich lieb' eine Blume, doch weiß ich nicht, welche (!),
Das macht mir Schmerz (!).
Ich schau' in alle Blumenkelche
Und such' ein Herz.

Es duften die Blumen im Abendscheine,
Die Nachtigall schlägt.
Ich such' ein Herz so schön wie das meine (!),
So schön bewegt.

Ob wirklich jemand an einen Schmerz glaubt, der darin besteht, daß man nicht weiß, welche Blume man liebt? — In der zweiten Strophe glaubt man ein kokettes Mädchen zu sehen, das vor dem Spiegel sich Kußhände zuwirft.

Wolfgang Kirchbach führt uns in seinem „Magazin für die Litteratur des In- und Auslandes"*) in „Heines Dichterwerkstatt" und verspottet in derber Weise die konventionelle Rhetorik seiner Lieder, jene Welt von stehenden Redensarten, die er sich schuf, und von der viele so entzückt sind, die „naturlose Bildersprache" und den Bilderwirrwarr in seinen Dichtungen; er zeigt an manchem gut gewählten Beispiel, mit welchen

*) Jahrgang 57, 1888 S. 275. 285. 304.

Mitteln des Rhythmus und der Sprache Heine seine Effekte fertigbringt, sich die „bunten Bänder aus dem Halse zieht.“ — Ein überaus reiches Material für Beurteilung dieser Frage bietet eine unlängst erschienene Dissertation von Seelig: „Die dichterische Sprache in Heines Buch der Lieder“ (Halle 1891), eine Arbeit, die für unsere Zwecke sehr wertvoll ist, obwohl der Autor nicht selten die rechten Schlüsse zu ziehen versäumt.

Wenn wir da z. B. sehen, wie ungemein häufig Heine Diminutiva gebraucht, so ahnen wir, welche Wirkungen er den süßlichen Wendungen wie „Äugelein“ und „Mündlein klein“, „Wängelein“ und „Händchen klein“ verdankt. Ungefähr 140 solcher bald zärtlich kosenden, bald tändelnden, bald volkstümlichen Diminutiva zählt Seelig allein im „Buche der Lieder“ auf, ohne nach Vollständigkeit zu streben.

Ebenso charakteristisch ist die Bevorzugung gewisser Adjektiva bei Heine; sein erklärter Liebling ist das Wort „süß“; es findet sich nach Seelig im Buche der Lieder nicht weniger als 83 mal! Besonders sind alle Körperteile der Geliebten süß: das Antlitz, die Züge, die „Äuglein“ und „Wänglein“, das „Herzchen“, das „Frätzchen“, ja die Füße! Ob darum etwa die Heinische Poesie vielen so süß erscheint?

Sodann bevorzugt der Dichter aus leicht begreiflichen Gründen die Adjektiva: selig, fromm, (das er meist an ungeeigneter Stelle anwendet), dunkel, einsam, still, seltsam, heimlich, golden, weiß, (wie Farben überhaupt); man kann sich denken, welchen Stimmungswert diese bloßen Epitheta für Heine haben, da er sie etwa 260 mal im Buche der Lieder anwendet, ganz abgesehen von den zahlreichen Steigerungen und Verstärkungen wie selig süß, qualvoll süß, träumerisch süß, märchensüß, heimlich wundersüß; Zusammensetzungen mit wunder- liebt er überhaupt ganz besonders; Ausdrücke wie wunderfein, wunderschön, wunderhelle, wunderzart, wunderlieblich u. a. finden sich zusammen 23 mal.

Treffliche Effekte erreicht Heine auch, ohne sonderliches Aufgebot von Poesie, durch die ungewöhnlich starke Benutzung der in unserer Sprache so zahlreichen tonmalenden Zeitwörter, wie rauschen, brausen, summen, klingen, singen, seufzen, klirren, kichern, flüstern, murmeln, säuseln; verwandt sind diesen das Ohr mit musikalischem Klange reizenden Verben die, welche ein lebhaftes, oft ein bewegtes Licht vor das geistige Auge zaubern, wie blitzen, leuchten, funkeln, glänzen, schimmern, flimmern, glimmern (!), flackern, glitzern; die Zahl dieser und verwandter sich an die Sinne wendenden Zeitwörter ist bei Heine geradezu Legion*); es versteht sich von selbst, daß kein Verständiger den maßvollen Gebrauch solcher Wörter an Stellen, wo sie hingehören, bemängeln wird; bei Heine beruht jedoch sehr oft der eigentliche Reiz des Gedichtes auf dem Klingklang oder der „Süßigkeit" solcher feststehenden, im Übermaß angewendeten Redeformeln, während der poetische Gehalt fast null ist.

Hierher gehören auch die geschmacklosen Tändeleien mit

„den blauen Veilchen der Äugelein,
den roten Rosen der Wängelein,
den weißen Lilien der Händchen klein,"

mit den „klaren Veilchenaugen", den „weißen Lilienfingern", ja „Lilienohren" der Geliebten; unkundig der Mittel, mit denen der Dichter körperliche Schönheit malt,**) sucht Heine sich mit solchen „monströsen Farbenklecksen" zu helfen. Neben den Blumen müssen Perlen und Edelsteine, Saphire, Rubinen und Diamanten herhalten, um die Schönheit der Geliebten in echt orientalischer Bildersprache zu illustrieren; für Gold und Edelgestein zeigt Heine überhaupt eine bemerkenswerte Vorliebe; wer denkt hier nicht an sein Lied:

„Du hast Diamanten und Perlen" u. s. w.;

selbst von der Lorelei heißt es:

„Ihr gold'nes Geschmeide blitzet,
Sie kämmt ihr goldenes Haar.
Sie kämmt es mit goldenem Kamme."

---

*) Seelig a. a. O. S. 16—25.

**) Lessing handelt davon in seinem Laokoon Kap. XXI.

Unglaublichen Mißbrauch treibt Heine mit der Nachtigall; ihr wird in den Frühlingsliedern nicht einen Augenblick Ruhe gegönnt, sie ist unter seiner Behandlung nach Brandes' glücklichem Ausdruck „ein rein heraldischer Vogel im Wappenschild der Liebe geworden“; kurz der ganze altbewährte Zauberapparat theatralischer Dekorationsstücke wird mit bunten Flittern und blinkendem Schaumgold neu aufgestutzt, um als Poesiesurrogat die Nüchternheit der Alltagsprosa, um Herzensleere und Gedankenblässe zu verdecken. — Wenn Heine selbst fürchtete, „durch die allzu große Dosis von Rosen-, Mondschein- und Nachtigallenfrikassee in seinen Liedern das französische Publikum zu überfüttern“*), so hatte er guten Grund dazu; leider hatte er damit den Geschmack zahlloser deutschen Leser nur zu gut getroffen.

Das Formel- und Schablonenhafte der Heinischen Sprache erinnert zuweilen in der That an die „sinnreichen Beiwörter“ der Pegnitzschäfer und die „Anweisung“ des Nürnberger „poetischen Trichters“, „in sechs Stunden die deutsche Reim- und Dichtkunst einzugießen.“

Wohl nie hat ein deutscher Dichter alle Kunstmittel poetisch-rhetorischer Technik mit gleichem Raffinement in Anwendung gebracht; man kann sie förmlich bei Heine studieren. Die rhetorischen Figuren finden sich bei ihm mit seltener Vollständigkeit: Epizeuxis, Anaphora und Epiphora, Kyklos und Anadiplosis, Polysyndeton und Asyndeton, Annomination, alle möglichen Arten von Wiederholung und Klimax, von Antithese und Kontrast. (Vergl. Seelig S. 49—101.)

Wie die rhetorischen, kennt Heine auch alle metrischen Geheimnisse und weiß sie mit vollendeter Kunst, wenn auch nicht selten mit zu einseitiger Berechnung der rein musikalischen Klangwirkung zu nutzen; nicht umsonst hatte er die Schule A. W. v. Schlegels genossen, nicht umsonst verwandte er so unendliche Sorgfalt auf die Ausfeilung seiner Verse.

Kein Dichter wendet die beiden Hauptarten des Reims, den altgermanischen Stab- und den Endreim so oft und so ge-

*) Einleitung zu der französischen Übersetzung seiner Gedichte.

schickt zu gleicher Zeit an, wie Heine, ein technisches Mittel, mit dem er überraschende Effekte erzielt; wenige wissen, wie er, durch Leichtigkeit der Senkungen, durch ungewöhnliche, überraschende Endreime, durch Binnen- und Mittelreime*), durch Assonanzen und Klangfiguren aller Art die gewünschte Wirkung zu erzielen, ohne daß man gleich die Absicht fühlt und verstimmt wird. Er versteht die „Kunst aller Künste, seine Kunst zu verbergen," weiß sie wie schöne Natur, und sorgfältigste Berechnung wie nachlässige Grazie erscheinen zu lassen; er ist ein glänzender Virtuos auf dem reich besaiteten Instrument unserer Sprache, nur schade, daß ihm auch die Mängel des Virtuosentums anhaften, daß der innere Gehalt keineswegs der blendenden Technik entspricht, glänzende Tricks und unwürdige Mätzchen den Mangel an Gehalt und „Seelenwärme" verdecken müssen. — Das dritte Lied des „lyrischen Intermezzos" lautet:

Die Rose, die Lilie, die Taube, die Sonne,
Die liebt' ich einst alle in Liebeswonne;
Ich lieb' sie nicht mehr, ich liebe alleine
Die Kleine, die Feine, die Reine, die Eine;
Sie selber, aller Liebe Bronne,
Ist Rose und Lilie und Taube und Sonne.

Wie reizend klingt das vielen ins Ohr! und doch ist das ganze Gedicht nichts als leeres, seelenloses Schellengeklingel ohne ein Fünkchen echter Poesie; blankes Nürnberger Spielzeug für kleine Kinder kramt der Dichter hier aus, Zuckerplätzchen für die lieben Kleinen, die einem reiferen Geschmacke leicht Übelkeiten erregen.

Zunächst sind Rose, Lilie, Taube und Sonne dem Dichter nur poetische Vokabeln, sie haben „nur konventionellen Stimmungswert für ihn; hätte seine Einbildungskraft bei der Schöpfung dieses Liedchens sich die Sonne wirklich vorgestellt, so wäre es ihm ganz unmöglich gewesen, das alles auf einen Haufen zu werfen; man versuche nur, sich eine Taube wirklich vorzustellen und gleich daneben die Sonne und eine Lilie: das ist eine Zu-

*) Seelig S. 42—49.

mutung!"*) Und was erfahren wir in diesem Liebesliede von der Liebe oder von der Geliebten? Was können wir uns denken bei dem Wortgeklingel von der Kleinen, der Feinen, der Reinen, der Einen? Und nun versuche man gar einmal sich sinnlich vorzustellen, daß diese Kleine, Feine, Reine aller Liebe Bronne, Rose, Lilie, Taube und Sonne ist! Uns schwindelt bei diesem grenzenlosen Bilderwirrwarr, wir erhalten aber auch nicht die leiseste Vorstellung vom Wesen der Geliebten. Goethe macht das anders; wenn er Gretchen singen läßt:

Sein hoher Gang,
Sein' edle Gestalt,
Seines Mundes Lächeln,
Seiner Augen Gewalt
Und seiner Rede
Zauberfluß,
Sein Händedruck
Und ach! sein Kuß —

dann haben wir das Bild des Geliebten und der Liebe selbst und wir erkennen deutlich den Unterschied von Poesie und Reimkunst. Wie wunderbar aber jene technischen Mittel wirken, kann uns ein anderes Beispiel klar machen. Unzweifelhaft gehört das kleine Gedicht „Leise zieht durch mein Gemüt" zu Heines anmutigsten und volkstümlichsten Liedern; jeder kennt es, und jeder erfreut sich daran — und mit Recht; doch nun frage man einmal unerwartet, was mit dem lieblichen Geläute gemeint ist, was Haus und Rose bedeutet; auch von Gebildeten wird man selten eine befriedigende Antwort erhalten (was übrigens keineswegs dem Dichter zur Last gelegt werden soll), oft genug wird uns das völlige Mißverständnis des Befragten überzeugen, daß hier, wie so oft bei Heine, einzig und allein der Wohllaut der Verse den Grund und die Grenze des Genusses bildet. Aber welche Zauberkünste bringt auch der Dichter bei diesem scheinbar so kunstlosen Liedchen in Anwendung!

*) Kirchbach a. a. O. S. 277.

Leise **zieht** durch mein Ge**müt**
Liebliches Geläute;
Klinge **kleines** Frühlings**lied**
Kling' hin**aus** ins Weite,
Kling' hinaus bis an das **Haus** u. s. w.

Der Druck verrät hier die Zahl und Bedeutung der Alliterationen, Binnenreime und Wiederholungen, er verrät jedoch nicht, daß die erste Strophe durchweg auf zarte ei- und i-Töne gestimmt ist und die tonlosen Senkungen wie Duft verschweben; jede Silbe, ja beinahe jeder Buchstabe hat hier seine tonmalende Bestimmung, und die graziöse Musik des Rhythmus erinnert lebhaft an den Anfang eines Mozartschen Quintetts.

Die genauere Betrachtung dieses kleinen Liedes lehrt, daß in der Metrik auf andere Dinge weit mehr ankommt, als auf tadellose Reime à la Platen, denn Heine reimt durchweg unrein: Gem**ü**t — **Lied**, Gel**äu**te — **Weite** hinaus — schau**st**.

Weit entfernt diese musikalischen Wirkungen zu bemängeln, werden wir sie vielmehr uneingeschränkt bewundern, so lange der Gehalt der Form entspricht; nur zu oft versucht aber der Dichter durch virtuose Technik und blendende Effekte uns über die innere Nichtigkeit und Seelenlosigkeit seiner Schöpfungen hinwegzutäuschen. Das 8. Gedicht des Romanzencyklus, „die Heimführung", ist ein solches Virtuosenstückchen der Reimkunst. Es heißt da:

Ich geh' nicht allein, mein feines Lieb,
Du mußt mit mir wandern
Nach der l i e b e n, a l t e n, s c h a u r i g e n Klause
In dem t r ü b e n, k a l t e n, t r a u r i g e n Hause;

und in der letzten Strophe:

Wirf um den w e i t e n, w e i ß w a l l e n d e n Schleier
Und greif in die S a i t e n der s c h a l l e n d e n Leier.

Der Dichter rechnet darauf, daß man über dem Klingklang der zahllosen Reime mit dem barocken Inhalt weniger scharf ins Gericht gehen wird. Eine reiche Anzahl solcher Lautfiguren und Klangwirkungen hat Seelig (S. 42 ff.) aus dem Buche der Lieder zusammengestellt; sie finden sich nicht minder zahlreich in den spätern Gedichten. Von den Romanzen (1839—42) ist die dritte, Childe Harold, ganz auf solche musikalische Wirkungen gegründet, die dreizehnte rankt sich um den dreimal wiederholten echt Heinischen Vers: „Es liebt sich so lieblich im Lenze.“

Einen nicht minder hohen Reiz haben Heines Dichtungen für viele durch die tolle Phantastik ihres Inhalts, durch seine auffallende Vorliebe für Träume und Visionen, wie überhaupt für die Nachtseiten des menschlichen Seelenlebens. Auch andere Dichter haben die Form des Traumbildes praktischen Zwecken dienstbar gemacht; ich erinnere nur daran, wie Goethe in der Iphigenie und im zweiten Teile des Faust Schlaf und Traum mit höchster Kunst benutzt, um wie mit einem magischen Schleier psychologische „Wunder“ zu verhüllen, die bei nüchternem Tageslichte dem bloßen Verstande immer befremdlich und rätselhaft bleiben würden; für Heine ist aber das Traumbild geradezu eine poetische Gattung geworden, das Dunkel der Nacht ist ihm weit interessanter als das Tageslicht, der Tod poetischer als das Leben. Für Kirchhof, Grab und Mitternacht, für Hexenspuk und Aberglauben aller Art hatte Heine gleich den Romantikern von jeher eine besondere Schwäche, auffallender aber, ja geradezu krankhaft ist seine Leidenschaft für Sterbende und Tote, für Statuen und Gespenster, wie sie seine lyrischen und epischen Dichtungen, die novellistischen Fragmente und nicht zuletzt seine Memoiren bekunden. Bald ist es die Spukgestalt der dämonischen Herodias*), die im wilden Heer mit des Täufers Haupt durch die Lüfte rast und den Dichter in Liebesglut entbrennen läßt, bald beschwört er die schöne Helena, die vampyrartig seine Seele trinkt**), bald erzählt er der sterbenden Maria von seiner Liebe zu Marmorbildern und Toten***), und dann geht wieder die tote kleine Veronika†) in seinen Schriften um. Nun gelingt es zwar Heine nicht selten, durch den Reiz des Dämonischen bedeutende poetische Wirkungen zu erzielen, weit öfter ist es aber

*) Atta Troll Kap. XIX und XX.

**) Lazarus Nr. 19.

***) Florentinische Nächte.

†) Ideen oder das Buch Le Grand.

das bloße Unvermögen, in der Welt der Wirklichkeit, in Natur und Menschenleben das wahrhaft Poetische herauszufinden (wie Goethe es verstand), was in ihm die krankhafte Sucht hervorruft, in den Nachtseiten und Abgründen des Lebens nach Truggold zu schürfen und uns phantastische Spukgestalten für dichterische Gebilde unterzuschieben.

Es giebt, wie Goethe in den Gesprächen mit Eckermann sagt (25. 12. 1825), wenig Menschen, „die eine Phantasie für die Wahrheit des Realen besitzen, vielmehr ergehn sie sich gern in seltsamen Ländern (bei Heine Indien!) und Zuständen, wovon sie gar keine Begriffe haben und die ihnen ihre Phantasie wunderlich genug ausbilden mag.“ Solche meist jugendlichen Geister, die das Wunderbare, Phantastische, den Verhältnissen des realen Lebens Entgegengesetzte für das eigentlich Poetische ansehn, bilden das dankbarste Publikum dieser krankhaften Richtung der Heinischen Poesie.

Ein Vergleich mit Goethe, zu dem Heine selbst mehrfach in seinen Briefen herausfordert*), ist hier sehr lehrreich: Goethes Empfinden und Dichten ist ganz Kraft und Gesundheit, ganz Natur und Wahrheit, das Heinische dagegen meistens krankhafte Unnatur, Empfindelei und Scheinwesen. Obwohl Goethe beinahe das ganze Gebiet der Natur in seinen Dichtungen zu erschöpfen scheint**), ist alles von ihm selbst beobachtet, das Psychologische am eigenen Herzen erfahren und erlebt; unermeßlich wird darum unsere Kenntnis von Natur und Menschenherz durch seine Kunst erweitert und vertieft. Heines Naturbetrachtung dringt selten in das innerste Wesen der Erscheinungen, die Seele der Natur, ein, sondern begnügt sich meistens mit effektvoller Darstellung der Außenseite; seine Kenntnis des Menschenherzens ist überaus gering. Es kommt ihm weniger darauf an, ob eine Schilderung den Stempel eigener

*) So beginnt er eine Parallele zwischen dem Altmeister und sich mit den Worten: „ich und Goethe“ (an Moser 1. 7. 1825), und an Varnhagen schreibt er (30. 10. 1827): „Goethe kann nicht verhindern, daß sein großer Name einst gar oft zusammen genannt wird mit dem Namen H. Heine.“

**) Vgl. Viktor Hehn, Gedanken über Goethe. Nr. V, „Naturphantasie.“

Beobachtung und innerer Wahrheit trägt, als darauf, welchen Effekt sie macht. Er läßt den Stern, der vom Himmel fällt, knisternd zerstieben, den Schwan immer leiser singend ins Flutengrab tauchen, die untergehende Sonne sich noch einmal leuchtend vom Boden emporheben (!) und beginnt ein Lied, das den Einklang von Natur und Menschenleben geradezu typisch darstellen soll:

Die Linde blühte, die Nachtigall sang, —

während bekanntlich beide Vorgänge in Wirklichkeit nicht zusammenfallen, sondern der Gesang der Nachtigall verstummt ist, wenn die Linde zu blühen beginnt.*) Nur die Nordseelieder machen eine rühmliche Ausnahme; das Meer hat Heine in der That trefflich beobachtet und ebenso naturwahr wie großartig geschildert, was jeder bestätigen wird, der es genauer kennt und liebt. — Nur einmal, soviel ich bemerkt, bringt er auch hier die Wahrheit dem Effekte zum Opfer. In dem sonst so schwungvoll schönen „Meergruß“ singt er:

Es rauschen die weißen Blütenbäume,
Und die jungen Blumen schauen mich an
Mit bunten, duftenden Augen,
Und es duftet und summt und atmet und lacht,
Und im blauen Himmel singen die Vöglein —
Thalatta! Thalatta!

Duftende Blumen, singende Vögel am Meere! — man wird zugeben, daß sie die Schilderung der Küstenlandschaft durchaus nicht fördern, sondern stören; sie sind eben nur des Effektes halber da.

Wichtiger noch als die Kenntnis der Natur ist für den Poeten die des Menschenherzens; dies ist Heines schwächste Seite; er kennt den Urquell aller Gefühle und Handlungen für einen Dichter viel zu wenig; es fehlt ihm an Menschenkenntnis, wohl weil es ihm an Menschenliebe fehlt; denn man darf den bekannten Spruch wohl auch variieren: tantum homo cogno-

*) Ähnliche Belege bietet die kleine, recht lesenswerte Broschüre: H. Heine als deutscher Lyriker von J. E. Frhr. v. Grotthuß. Stuttgart, Belser 1894.

scitur, quantum diligitur. Darum haben seine dichterischen Gestalten etwas Nichtüberzeugendes, nebelhaft Verschwommenes, etwas Schemen- und Spukhaftes, besonders sind seine dramatischen Helden Schatten ohne Blut und Leben, leere Phantasiegebilde, Automaten oder Marionetten, nur keine Menschen. Mag nun immerhin der lyrische Dichter der Gabe plastischer Gestaltung entraten dürfen, die menschliche Seele muß er kennen, denn ihr innerstes Leben ist ja der eigentliche Gegenstand seiner Dichtungen. Heines Kenntnis des Menschenherzens ist aber höchst mangelhaft und einseitig, ja oft genug einer völligen Verkennung gleichzuachten, besonders, wo es sich um das Herz des Weibes handelt. Wie der Dichter trotz allen Aufgebotes von Metaphern, von Vergleichen mit Blumen und Edelsteinen uns kein Bild von der körperlichen Schönheit der Geliebten zu geben vermag,*) so bleibt uns ihr Seelenleben erst recht ein völliges Rätsel; sie scheint uns nicht nur untreu, sondern auch unsinnig zu handeln. Nie läßt uns der Dichter einen Blick in ihre Seele werfen, er spricht nur immer von sich selbst — und kennt auch sich selbst nicht recht. — Aus dem ganzen Buch der Lieder erfahren wir nicht so viel über das Wesen der Liebe, wie durch das kleine Lied Klärchens im Egmont:

Freudvoll und leidvoll,
Gedankenvoll sein;
Hangen und bangen
In schwebender Pein;
Himmelhoch jauchzend,
Zum Tode betrübt,
Glücklich allein
Ist die Seele, die liebt.

„Dies ist," sagt Brandes in seiner feinsinnigen Vergleichung beider Dichter,**) „die Charakteristik eines Frauen-

*) Wie wenig will es sagen, wenn Heine immerfort von ihrer „weißen", höchstens der „kleinen weißen" Hand redet, wieviel mehr, wenn Goethe die Hand der Geliebten „die reizende Gefährtin süßer Schmeicheleien" nennt! Sein Gedicht „der Besuch" zeigt überhaupt, in welchem Maße eine Schilderung körperlicher Schönheit dem Lyriker möglich ist.

**) Brandes, Die Litteratur des 19. Jahrhunderts, Band VI S. 181.

herzens, und dies das innere Leben der Liebe selbst, ihr Pulsieren, ihre Schwingungen zwischen Seligkeit und Qual."

Während tausend Zeugnisse übereinstimmende Kunde davon geben, wie Goethe nur sang, was er selbst im innersten Herzen empfunden, erschließt uns Heine in einer höchst interessanten, aber meines Wissens nie beachteten Stelle eines Briefes an seinen intimsten Freund, den edlen Moser*), mit der ihm zuweilen eignen kecken Offenheit das Geheimnis seines Empfindens. Er schreibt: „Ich kann nur das Schöngefühlte andrer Menschen leidlich ausdrücken. Deine Gefühle sind schwere Goldbarren, die meinigen sind leichtes Papiergeld (!). Letzteres empfängt bloß seinen Wert vom Zutraun der Menschen; doch Papier bleibt Papier, wenn auch der Bankier Agio dafür giebt, und Gold bleibt Gold, wenn es auch als scheinloser Klumpen in der Erde liegt."

Ein seltsames Geständnis aus des Dichters eignem Munde! man muß ihn hier bis zu einem gewissen Grade gegen sich selbst in Schutz nehmen; nicht leidlich, sondern meisterhaft weiß er das Schöngefühlte anderer auszudrücken; auch ist er wohl für einen kurzen Augenblick selbst schön zu empfinden fähig; „schwere Goldbarren" sind seine Gefühle aber nie, sie beruhen fast immer auf bloßem Nach- und Anempfinden, sind ein oberflächliches Wellenspiel, kein tiefgehender Wogenschlag der Seele. Erst vom Zutraun der Menschen hat dann das „leichte Papiergeld" seiner Gefühle einen so hohen Wert empfangen, doch Heine hat Recht: „Papier bleibt Papier."

Nur noch einen Beleg für diese Eigenart der Heinischen Empfindungen. Auf die Nachricht vom Tode seines Freundes Immermann schreibt er an Heinrich Laube (ohne Datum, anfangs September 1840): „Ich habe die ganze Nacht durchgeweint. Welch ein Unglück! .... Nicht bloß ein großer Dichter war er, sondern auch brav und ehrlich, und deshalb liebte ich ihn. Ich liege ganz darnieder vor Kummer." Und dann heißt es in demselben Briefe zehn Zeilen weiter:

---

*) Lüneburg, den .. Mai 1823.

„Ich bin, sonderbar genug, sehr guter Laune.“ In der That, sonderbar genug, wenn man vor Kummer ganz darniederliegt!

Dieser Mangel an Kraft, Tiefe und Stetigkeit des Empfindens ist der innerste und letzte Grund für die sonst nie völlig verständliche Erscheinung häufiger Selbstvernichtung der poetischen, gehobenen, ja feierlich andächtigen Stimmung des Gedichts durch den rohen Spott einer höhnenden Schlußpointe, durch ein kaltes Sturzbad des Witzes. Der Dichter ist sich der innern Ohnmacht und künstlichen Übertreibung seiner halbwahren Gefühle bewußt, er sieht die Unmöglichkeit ein, uns länger als einen kurzen Augenblick über ihre innere Halt- und Kraftlosigkeit zu täuschen, und kommt unserm ungläubig ironischen Lächeln durch einen Witz zuvor. Mit Vorliebe giebt er sich zwar den Anschein, als ob der Spott seines zuckenden Mundes nur des verblutenden Herzens „übergroßes Weh“ verhehlen solle; doch nur zu gut wissen wir, wie wenig ihn sonst übertriebene Scheu von der Kundgebung seiner Schmerzgefühle zurückhält; nur weil edlere Empfindundungen in ihm keine tiefe Wurzel und darum keine Stetigkeit haben, schließt er mit einem Witz; er spottet über diese Empfindeleien, damit wir nicht über sie spotten. Dieses Verfahren, das seinen Gedichten erst das specifisch Heinische Gepräge giebt und Unkundigen wohl als eine besondere Stärke des Dichters erscheint, ist vielmehr gerade ein Zeichen von Unvermögen und Ohnmacht; denn nicht zerstören, sondern schaffen, nicht niederreißen sondern aufbauen soll Dichter wie jeder Künstler. Gelingt es aber Heine einmal, wie es in seinen besten Liedern der Fall ist, einer wahren Empfindung vollendeten Ausdruck zu geben, so hütet er sich wohl, sein Werk zu vernichten. Doch das ist verhältnismäßig recht selten der Fall, und Schillers bedeutsames Wort: „Krieg führt der Witz auf ewig mit dem Schönen“ trifft auf Heine nicht minder wie auf den ihm geistesverwandten Voltaire zu, dem es bekanntlich zunächst gilt. Daß bei diesem beständigen „Krieg mit dem Schönen“ die Hauptaufgabe der Kunst, die Gestaltung des Schönen, nicht gut erreicht werden kann, ist einleuchtend.

Auf ein hartes, aber in der Hauptsache völlig zutreffendes Urteil Hebbels über die Heinische Dichtung, das dieser vor seiner persönlichen Bekanntschaft mit dem Dichter fällte, macht Karpeles in der Frankfurter Zeitung (1891, Wochenblatt Nr. 16) aufmerksam: „Heines Dichtmanier (besonders die neue) ist das Erzeugnis der Ohnmacht und der Lüge. Weil seine verworrenen Gemütszustände sich nicht in die Klarheit eines entschiedenen Gefühls auflösen lassen, oder weil er nicht den Mut und die Kraft besitzt, den hierzu notwendigen inneren Prozeß abzuwarten, wirft er den Fackelbrand des Witzes in die werdende Welt hinein und läßt sie gestaltlos für nichts und wieder nichts verflammen. Diese Verklärung durch den Scheiterhaufen ist aber nur dann zu gestatten, wenn ein Phönix davonfliegt. An dem Phönix fehlt es jedoch bei Heine. Es bleibt nichts übrig als Staub und Asche, womit ein müßiger Wind sein Spiel treibt.“ Zwar meint Karpeles, „daß Verehrer Heines aus dem Scheiterhaufen, auf dem er manches edle Gefühl in Asche aufgehen ließ, gar oft einen neuen Phönix haben aufsteigen sehn,“ doch bleibt er uns die Beweise für seine Behauptung schuldig.

„Eine einzige, die ganze Seele wie der Spiegel eines ruhenden Sees ausfüllende Stimmung“ findet Hermann Baumgart*) in Goethischen Liedern „nachgeahmt“; bei Heine wird man sie fast immer vergeblich suchen; es fehlt seinen Dichtungen meistens ein Erfordernis, ohne welches kein Kunstwerk seinen Namen verdient — die Einheit; sie sind nicht der poetische Ausdruck einer reinen, abgeklärten Seelenstimmung, sondern Reflexe unstät schwankender, widerspruchsvoller Gefühle, und alle äußere Politur kann diesen Mangel an wahrhaft poetischem Gehalt nicht ersetzen. Wenn der Dichter selbst die ästhetische Wirkung zerstört, wie sollen wir da einen reinen ästhetischen Genuß haben? Nur zwanzig Lieder etwa, die nicht an jenen Mängeln leiden, geben uns eine Ahnung davon, was Heine bei seiner hohen Begabung hätte leisten können, wenn er seinen künstlerischen Ernst nicht bloß in dem unablässigen Polieren

*) H. Baumgart, Handbuch der Poetik, eine kritisch-historische Darstellung der Theorie der Dichtkunst. 1887.

seiner Verse, sondern in der Veredlung der eigenen Persönlichkeit, in der Läuterung seines seelischen Empfindens zum Zwecke der Zuführung eines würdigen Gehalts für seine Dichtung bethätigt hätte; denn poetischer Gehalt ist eben „Gehalt des eigenen Lebens.“ *)

Fast immer legen wir darum Heines Gedichte mit sehr gemischten Gefühlen aus der Hand; wir wissen nicht, sollen wir des Dichters hohe Gaben bewundern oder uns über ihren Mißbrauch ärgern. Der Schwung seiner Phantasie reißt uns hin, zaubert ein Bild voll Reiz und Schönheit vor unser geistiges Auge, die Anmut der Sprache, die Musik der Rhythmen entzückt uns: da trifft plötzlich ein verwünschter Laut unser Ohr, ein schriller Ton, wie von einer zerspringenden Saite; wir stürzen aus allen Himmeln, mit unserer ganzen Stimmung ist es vorbei, ein kalter Wasserstrahl hat dem süßen Traume ein jähes Ende bereitet.

Sind solche Wirkungen die Aufgabe der Dichtkunst? oder irgend einer anderen Kunst? Wohl werden auch in der Musik Dissonanzen angeschlagen, doch nur, um sich in Harmonie zu lösen, nie jedoch entläßt uns der Tondichter mit einer schrillen Dissonanz. Was würde man von einem bildenden Künstler denken, der seine Darstellung der Göttin der Schönheit durch eine absichtliche Verunstaltung eines Gliedes schändete; doch Heines Neigung, „der Grazie einen Klumpfuß beizugeben“, machte seine Werke für viele nur um so pikanter. Ja, die zahllosen Nachahmer Heines haben vielfach gerade den grellen Mißklang der Schlußpointe für einen besonderen Reiz eines lyrischen Gedichtes gehalten; um ihn effektvoller herauszubringen, wurden kokette Gefühlchen, buntschillernd wie Schmetterlinge, in den ersten Strophen erheuchelt, um in der letzten wie Schmetterlinge an die Nadel gespießt zu werden; Gedichte entstanden, nur um zur Folie für Witze zu dienen, und reines Empfinden und der Sinn für wahre Poesie, für das einfach Schöne, wurde so aufs schwerste geschädigt. Die wenigen guten Gedichte Heines

*) Goethe, Noch ein Wort für junge Dichter.

sind kein Ersatz für diese verheerende Wirkung, die unheilvolle Vergiftung des Geschmacks, der immer aufs neue, und heute vielleicht mehr denn je, besonders die Jugend zum Opfer fällt.

Die Wirkung von Heines Liedern war um so tiefgehender, da die größten Tondichter unseres Volkes, wie Löwe, Schubert, Schumann und Mendelssohn ihnen die Macht ihrer Töne liehen; so konnte es nicht fehlen, daß man die hinreißende Gewalt ihrer Empfindung auf Heines Rechnung setzte und darum unendlich mehr in seinen Liedern fand, als er hineinzulegen vermochte. Wohl gebührt ihm das Verdienst, jene großen Meister zum Schaffen angeregt zu haben, doch brauchen wir nur an zahlreiche Opern zu denken, um uns zu erinnern, wie oft eine Komposition hoch über dem ihr zu Grunde liegenden Texte steht und ihn zu ungeahnter Wirkung bringt.

Auch schon die bloße Anzahl der Kompositionen Heinischer Lieder war für ihre Verbreitung und Schätzung von größtem Einfluß. Angezogen zunächst durch die melodiöse Sprache und die erwähnten zahllosen Klangwirkungen der Heinischen Verse, glaubte nun jeder junge Tonkünstler, bei Heine sich seine Lorbeeren verdienen zu sollen, und die zahllosen Kompositionen, die nunmehr entstanden, trugen sehr viel zur Befestigung seines Ansehens bei. Nach einer Zusammenstellung an der Hand des Katalogs einer angesehenen Musikalienhandlung ist das Gedicht „Du bist wie eine Blume“ mehr als 170mal in Musik gesetzt, die Lieder von „Fichtenbaum und Palme“ und „Leise zieht durch mein Gemüt“ mehr als 100mal.*)

Dem Verständnis und der Würdigung der Goethischen Dichtung ist nichts nachteiliger gewesen als die Beherrschung und Irreleitung des Geschmackes durch Heine. „Heines Lieder“, sagt Viktor Hehn in seinem geistvollen Buche „Gedanken über Goethe“**) gingen auf Flügeln des Gesanges von Haus zu Haus und überstrahlten die bescheidenen Goethischen Liedertexte, ja, sie haben durch Verwilderung des Geschmacks und Zerstörung der Unschuld des Herzens ebenso viel dazu beigetragen, unsern

*) Karpeles, H. Heine und seine Zeitgenossen 1888 S. 142.

**) S. 160.

höchsten Schatz, die Goethische Dichtung, der Nation zu entfremden, als es in mehr direkter Weise Börne that."

Die Wahrheit von Hehns Behauptung leuchtet ein; der durch Heinische Witzeslauge verdorbene Geschmack wurde durch gesunde Nahrung nicht mehr befriedigt; Goethe war vielen nicht mehr geistreich genug, weil er witzig zu sein verschmähte, (die Verwechslung von Witz und Geist ist ja nun einmal nicht zu beseitigen), da fehlte die ironische Selbstpersiflage, die witzige Schlußpointe, da fehlten alle Orgieen einer ungezügelten Phantasie, alles Kokettieren mit unendlichen Schmerzen. Für die reine, keusche Schönheit von Goethes Kunst, der „den Schleier der Dichtung aus der Hand der Wahrheit" empfangen, fehlte das Verständnis; man wurde nicht „goethereif", weil man bei Heine stehen blieb; (wer es freilich geworden ist, über den hat Heine für immer seine Macht verloren.) Auch war die Forderung eines tiefer eindringenden Studiums bei Goethe vielen unbequem, während nicht leicht ein Dichter geringere Ansprüche an das Nachdenken und die Bildung seiner Leser macht als Heine. Man prüfe nur einmal, wie unendlich arm an Gedanken- und Ideengehalt Heines gesamte Dichtung ist! kaum daß man überhaupt von einem solchen sprechen kann. „Sieht man gegenwärtig die Reihe seiner Schriften ruhig und unbefangen wieder durch," sagt Karl Goedeke,*) so erschrickt man fast vor der geistigen Öde und Leerheit derselben. . . . Er hat niemals einen positiven, befreienden Gedanken aufgestellt, der sein Eigentum wäre; den durch alle seine Schriften durchlaufenden Gedanken, daß die Unsittlichkeit ein Recht auf Existenz habe, kann man weder einen freimachenden noch einen positiven nennen." — Doch Heines Gedichte, wendet man ein, gehören nicht der Gedanken- sondern

---

*) Goedeke, Geschichte der deutschen Dichtung Bd. III S. 453. W. Kirchbach erzählt (a. a. O.), daß Goedeke für diese durchaus wissenschaftliche Besprechung von Heines Schriften mit anonymen Drohungen und Schmähbriefen von „Verehrern Heines" (!) bedacht wurde; in jüngster Zeit hat Felix Dahn für seine rein sachlich gehaltene Antwort auf die Frage, ob er Heine eines Denkmals in Deutschland für würdig halte, das gleiche oder ein noch schlimmeres Schicksal gehabt.

der Gefühlslyrik zu; freilich, doch daß er im Gegensatz zu andern bedeutenden Lyrikern sich ausschließlich auf dieses Gebiet beschränkt, ist eine bemerkenswerte Einseitigkeit; und wie es gerade mit Heines Gefühlen bestellt ist, hatten wir bereits Gelegenheit kennen zu lernen. — So ergiebt sich im „Buche der Lieder" naturgemäß eine große Einförmigkeit des Inhalts, dem die der Form entspricht. Heine fühlte selbst diese Mängel und erkennt sie in Briefen an vertraute Freunde freimütig an. „Ich will ihnen gern eingestehen den Hauptfehler meiner Poesieen", schreibt er an Immermann*) . . . „es ist die große Einseitigkeit, die sich in meinen Dichtungen zeigt, indem sie alle nur Variationen desselben kleinen Themas sind." In demselben Briefe, wohl dem inhaltreichsten, den Heine jemals geschrieben, gesteht er, daß er „nur ein Stückchen Welt", „nur ein einziges Thema darstelle" . . . „die Historie von Amor und Psyche in allerlei Gruppierungen." — „Das sei das traurige Geheimnis seiner poetischen Kraft."

Bezüglich der Form äußert er sich zu Moser**) bei Übersendung der „Nordsee": „Ich bin also doch nicht auf eine bloß lyrisch malitiöse zweistrophige Manier beschränkt." Schon diese Verteidigung deutet auf die allerdings sehr auffallende Einförmigkeit der Form. Karl Hessel bemerkt in seinem Aufsatz „Die metrische Form in Heines Dichtungen",***) daß mit sieben Gedichten alles erschöpft sei, was Heine in kunstmäßigerer Form als in einfachen vierzeiligen Strophen gedichtet habe," (Sonett und Stanze nicht gerechnet); von den mehr als 500 Liedern Heines nur sieben, das ist allerdings eine auffallend geringe Zahl! Dabei sind alle diese vierzeiligen Strophen mit ganz verschwindenden Ausnahmen in (drei- bis vierfüßigen) Jamben oder (vierfüßigen) Trochäen geschrieben, die gerade in der deutschen Metrik sich wenig unterscheiden; auch die größeren Dichtungen

*) 10. Juni 1823.

**) 14. Dezember 1825.

***) Zeitschrift für deutschen Unterricht herausg. v. O. Lyon Bd. III 1889 S. 64.

„Atta Troll" und das „Wintermärchen" haben dieselben Versmaße; freilich zeigt sich Heine in dieser Beschränkung auf einfache und volkstümliche Metra als Meister; er hatte, pflegte Frau von Varnhagen zu sagen, „ein Sieb im Ohr" und verdankte, wie wir gesehen, gerade seinen metrischen Künsten einen sehr großen Teil seiner Erfolge. Wer läßt sich auch den Genuß des einzelnen Liedes durch den Gedanken verkümmern, daß fast alle andern in der gleichen Strophe gedichtet sind? Erst bei einem Gesamtüberblick macht sich eine auffallende Monotonie bemerkbar, in die nur die freien und kühnen, das Wogen des Meeres aufs glücklichste nachahmenden Rhythmen der Nordseelieder eine sehr erwünschte Abwechslung bringen.

Das Thema fast aller Heinischen Gedichte ist die Liebe, und man hat sich darum gewöhnt, Heine κατ' ἐξοχήν als den Sänger der Liebe zu bezeichnen. Verdient er wirklich diesen Ehrentitel? Lebt in seinen Liedern die deutsche Liebe, deren rührende Herzenslaute wir aus dem Volksliede, aus Goethe, Uhland, Rückert, Chamisso und Geibel kennen? die der ursprünglichen Bedeutung von Minne entsprechend (von meinan gedenken) mehr in Sehnsucht als in Begierde sich äußert, die in Selbstvergessenheit und hingebender Treue sich kundgiebt? Man mustere doch Heines sämtliche Lieder von den jugendlichen „Traumbildern" (1817—21) mit der tollen Sinnlichkeit ihres Kirchhofsspuks bis zu den frechen Grisettenliedern an Verschiedene (1832—39) und den gemeinen Obscenitäten des Romancero (1846—51) überall Leidenschaft, wilde, dämonische Leidenschaft, aber nirgends die rührende Sprache selbstvergessener Liebe. —

„Die ersten Liebesneigungen einer unverdorbenen Jugend nehmen", wie Goethe sagt,*) der weder Zelot noch Heuchler war, „durchaus eine geistige Wendung. Die Natur scheint zu wollen, daß ein Geschlecht in dem andern das Gute und Schöne sinnlich gewahr werde."

Damit vergleiche man, wie Heine sich in seinen „Gedanken und Einfällen" (V, „Frauen, Liebe und Ehe") über die Jugend-

*) Dichtung und Wahrheit Buch V. Hempel S. 159.

liebe äußert,*) oder auch nur, was er aus Paris an A. Lewald schreibt.**) „Ich war immer (!) der Meinung, daß man in der Liebe besitzen müsse.“ Diese prosaischen Bekenntnisse werden durch seine Dichtungen bestätigt. Nicht die milde Opferflamme selbstloser Liebe verbreitet in ihnen ihr herzerwärmendes Licht, es lodert darin die düstere Glut begehrlicher Leidenschaft, die, nicht erwidert, in Blitzen des Hohnes und Grimmes sich Luft macht. In den „vier Jahreszeiten“ Goethes findet sich der schöne und tiefsinnige Spruch: (Nr. 32.):

> Das ist die wahre Liebe, die immer und immer sich gleich bleibt,
> Wenn man ihr alles gewährt, wenn man ihr alles versagt.

Nicht von dieser Art ist Heines Liebe, vielmehr sind Sinnlichkeit und Selbstsucht für sie wie für seine Liebesdichtung von der frühesten bis zur letzten Zeit charakteristisch. Sinnlichkeit wetterleuchtet aus dem nächtlichen Spuk seiner phantastischen „Traumbilder“ (im 6. Gedichte wird dem sinnlichen Liebesgenuß die Seligkeit geopfert); zu den „Romanzen“, die einen mehr epischen Charakter tragen, gehört die bereits oben citierte „Fensterschau“, die Gedichte des lyrischen Intermezzos und der Heimkehr sind weit edler gehalten, ja oft von außerordentlicher Zartheit, doch verliert auch hier Heines Liebe den Charakter der Selbstsucht nicht, und mitunter beleidigen selbst hier frivole Wendungen, ja dreiste Cynismen***); die später ausgesonderten gemeinen Gedichte „zum lyrischen Intermezzo“ und „zur Heimkehr“ beweisen, daß Heine auch zur Zeit seiner geläuterten Kunstthätigkeit, der seine zartesten und vollendetsten Lieder ihre Entstehung verdanken, seine Muse durch unwürdigen Mißbrauch zum Preise rohester Sinnlichkeit entweihte. Die Gedichte an „Verschiedene“, die „Zeitgedichte“, der „Romancero“ und die „letzten Gedichte“ erreichen oftmals ein Maß des Schmutzes und der

*) „In der Jugend ist die Liebe stürmischer, aber nicht so stark, so allmächtig wie später. Auch ist sie in der Jugend nicht so dauernd, denn der Leib liebt mit, lechzt nach leiblichen Offenbarungen in der Liebe und leiht der Seele allen Ungestüm seines Blutes, die Überfülle seiner Sehnenkraft.“

**) 25. 1. 1837.

***) Vgl. Lyr. Interm. 32 u. 50; Heimkehr 80 u. 82.

Gemeinheit, das selbst unseren modernen Naturalisten Achtung gebieten kann. — Seine übrigen dichterischen wie prosaischen Werke tragen zum großen Teile denselben Charakter.*)

Nicht minder deutlich wie die unverhüllte Sinnlichkeit tritt die Selbstsucht der Heinischen „Liebe" zu Tage. Man erinnere sich einmal an das bekannte Volkslied „Es sah eine Linde ins tiefe Thal", oder an Chamissos Gedicht „das Malerzeichen", wo das verlassene Mädchen trotz alles erlittenen Herzeleids den ungetreuen Geliebten tausendmal segnet — und dann lese man, wie Heine in seinen Liedern der Geliebten immerfort Tücke, Treulosigkeit und Verrat vorwirft, wie er von ihren falschen Blicken und falschen Schwüren spricht, sie eine „Schlange" nennt, die ihm „Gift ins blühende Leben gegossen". In der That eine seltsame Sprache der Liebe, die Heine da in die deutsche Poesie eingeführt hat! Dabei kann es keinem Zweifel unterliegen, daß die vielgeschmähte „Geliebte" an allen ihr zur Last gelegten Frevelthaten völlig unschuldig war; schreibt doch der Dichter

---

*) So äußert sich, um nur eine Stelle auszuwählen, in H.s Tragödie Almansor der Held, der in mehr als einer Beziehung die Züge des Dichters trägt, über die Liebe wie folgt:

Ha, ha, ha! Liebe! Liebe! Fades Wort,
Das einst mit schläfrig halbgeschlossnen Augen
Ein Engel gähnend sprach. Er gähnte wieder,
Und eine Welt von Narren, alt und jung,
Hat gähnend nachgelallet: Liebe! Liebe!
Nein, nein! . . .
Ich bin kein süßes Weihrauchdüftchen mehr,
Das einer Jungfrau Nase zärtlich kitzelt;
Ich bin der Gifthauch, der sie dumpf betäubt
Und schwelgend dringt in alle ihre Sinne.
Ich bin das Lamm nicht mehr, das fromm und mild
Sich hinschmiegt zu den Füßen seiner Schäf'rin;
Ich bin der Tiger, der sie wild umkrallt
Und wollustbrüllend ihren Leib zerfleischt.
Zuleimas Leib ist's, was ich jetzt verlange;
Ich will ein glücklich Tier sein, ja ein Tier;
Und in des Sinnenrausches Taumel will ich
Vergessen, daß es einen Himmel giebt.

bereits 1816, also lange vor der Entstehung jener Lieder an seinen Freund Sethe, „er habe die unleugbarsten, unumstößlichsten Beweise, daß er nichts weniger als von ihr geliebt sei“ (27.10.1816); von einem Verrate kann sonach keine Rede sein. Nun wird man es wahrlich verzeihlich finden, wenn, durch schmerzliche Erfahrungen verbittert, ein jugendlich leidenschaftliches Herz zu ungerechten Vorwürfen sich hinreißen läßt, nur ihre stete Wiederholung und maßlose Übertreibung muß schließlich unsympathisch berühren, verrät zum mindesten das Gegenteil von Selbstlosigkeit in der Liebe. Das Stärkste derart leistet der Dichter wohl im 9. Freskosonett an denselben Freund Sethe, in dem er mit wahrer Wollust die teuflische Grausamkeit der „Geliebten“ ausmalt:

Die Welt war mir nur eine Marterkammer,
Wo man mich bei den Füßen aufgehangen
Und mir gezwickt den Leib mit glüh'nden Zangen
Und eingeklemmt in enger Eisenklammer.
  Wild schrie ich auf vor namenlosem Jammer,
Blutströme mir aus Mund und Augen sprangen,
Da gab ein Mägdlein, das vorbeigegangen
Mir schnell den Gnadenstoß mit goldnem Hammer. (!)
  Neugierig sieht sie zu, wie mir im Krampfe
Die Glieder zucken, wie im Todeskampfe
Die Zung' aus blut'gem Munde hängt und lechzet.
  Neugierig horcht sie, wie mein Herz noch ächzet,
Musik ist ihr mein letztes Todesröcheln,
Und spottend steht sie da mit kaltem Lächeln. (!)

Während die wahren Sänger der Liebe, so vor allen Goethe in der Marienbader Elegie, Geibel in seinem Minneliede, unvergleichlichen Perlen deutscher Liebesdichtung, die Vernichtung der Selbstsucht, ihres natürlichen Gegners, durch die Liebe betonen, denkt Heine in der Liebe immer nur an sich selbst, er beklagt unaufhörlich und nicht ohne Selbstgefälligkeit, wie wir gesehen, seine „großen Schmerzen“, sein „übergroßes Weh“ und dichtet der Geliebten alle möglichen Frevel an seinem Herzen an.

Schwer faßbar erscheint bei dieser Art des Minnedienstes die Verehrung, welche deutsche Frauen und Mädchen nicht selten

3*

für Heine offen an den Tag legen. Man möchte ihnen die Worte zurufen, die der sonst so freidenkende Adolf Stahr an seine spätere Gattin Fanny Lewald richtete:*) „Wie kann eine Frau von Ihrem Idealismus, wie kann überhaupt eine Frau, die Achtung vor sich und der Weiblichkeit hat, es aussprechen, daß sie Heine, wie Sie es gethan, sozusagen durch Gras und Korn bewundert? Wie können Sie es obenein vor Männern aussprechen? Fühlen Sie es denn nicht, daß nie zuvor in der deutschen Sprache das Weib tiefer herabgewürdigt ist als von Heine? Sie würden beleidigt sein, wenn jemand vor Ihnen sich zur Vielweiberei bekennen würde; aber das Leben der Weiber im Harem ist noch lange nicht so entehrend und entwürdigend als die Art von Liebesleben, dessen Heine in diesem „Buch der Lieder" sich frei berühmt."

Mögen diese Worte auf das „Buch der Lieder" allein bezogen zu hart erscheinen (man erinnere sich freilich an das soeben (S. 33) Gesagte), als Urteil über Heines gesamte lyrische Dichtungen, insbesondere die der Pariser Zeit, sind sie vollauf berechtigt. — Niemals hat Heine es ausgesprochen oder geahnt, „welch' einen holden Schatz von Treu' und Liebe der Busen einer Frau bewahren kann";**) nie hat er, wie Brandes treffend hervorhebt,***) in seinen Gedichten „einem Weibe eine gefühlvolle Äußerung in den Mund gelegt"; die Frauen sind ihm zumeist Gegenstände einer herablassenden Tändelei, ein niedliches Spielzeug, Blumen und Puppen. Dies zeigen schon die von Heine so oft und gern gebrauchten Anreden wie: liebe Kleine, mein Kindchen, süßes Frätzchen, mein liebes kleines Mädchen, süße Puppe u. a. In den Nordseeliedern (I 7) heißt es: Du kleines junges Mädchen, komm an mein großes Herz. —

Wie solche selbstgefällige Tändeleien einer lächelnden Herablassung mit Ausbrüchen begehrlicher Leidenschaft oder bittern Hohnes wechseln, haben wir bereits gesehen; ja der Dichter scheut sich nicht, das ganze weibliche Geschlecht zu verunglimpfen,

*) Fanny Lewald, Zwölf Bilder nach dem Leben S. 200.

**) Goethe, Tasso II 1.

***) a. a. O. S. 180 f.

indem er ihm „des eigenen Herzens unreine Begierden andichtet“; so sagt er in der „Götterdämmerung“:

> In der Jungfrau Schamerröten
> Seh' ich geheime Lust begehrlich zittern. —

Wie erscheint hier das reine Idealbild edler Weiblichkeit, das schon seit Walther von der Vogelweide und namentlich durch Schillers Dichtungen in allen deutschen Herzen lebt, durch Heine entweiht und besudelt! — In den „Gedanken und Einfällen“*) erklärt der Dichter: „Die deutsche Ehe ist keine wahre Ehe. Der Ehemann hat keine Ehefrau, sondern eine Magd“ . . . . freilich „ist er zuweilen nur der Bediente seiner Magd, und den Servilismus verleugnet er auch im Hause nicht.“ — Bekanntlich hat Heines eigene Ehe mit der liebenswürdigen, aber gänzlich bildungslosen Französin Mathilde Mirat jeder geistigen Gemeinschaft völlig entbehrt.**) — Soll ich noch erwähnen, in wie schmählicher Weise Heine ehrenwerte Frauen wie die Gattin seines Lehrers A. W. v. Schlegel, Frau Straus aus Frankfurt, Charlotte Birchpfeiffer u. a. aus Haß oder Spottlust in Vers und Prosa beschimpft hat?

Wie sehr man trotzdem oftmals geneigt ist, alles, was Heine gethan und geschrieben, zu bewundern, beweist das Buch von Adolf Kohut: „H. Heine und die Frauen“; so nennt der Verfasser z. B. das Gedicht „Der weiße Elefant“ ein „Denkmal, das Heine der Gräfin Kalergis (die ihn während seiner Krankheit oftmals besuchte und tröstete) aus den Perlen seiner Dichtung errichtet habe“; in Wirklichkeit wird aber die Gräfin in dem witzigen Gedichte in derber Weise verhöhnt; so nennt sie der Dichter z. B. Gott Amors kolossale — Domkirche, der Liebe Kathedrale.

Robert Prölß macht in seiner trefflichen Heinebiographie***) auf folgendes Urteil Goethes über Heine in den Gesprächen mit Eckermann aufmerksam: „Es ist nicht zu leugnen, er besitzt manche glänzenden Eigenschaften, allein ihm fehlt — die Liebe.

*) Abschnitt V „Frauenliebe und Ehe“.

**) Prölß, H. Heine S. 230 f.

***) Ebenda 1886, S. 68.

Er liebt so wenig seine Leser, wie seine Mitpoeten und sich selber, und so kommt man in den Fall, auf ihn den Spruch des Apostels anzuwenden: „Und wenn ich mit Menschen- und Engelzungen redete und hätte der Liebe nicht, so wäre ich ein tönendes Erz oder eine klingende Schelle.“ — Seltsam genug! Prölß ist hier wie manchem vor ihm und nach ihm*) ein kleiner, aber merkwürdiger Irrtum begegnet. Die ganze Stelle handelt nämlich nicht von Heine, sondern von — Platen, dessen Namen Eckermanns Sohn später nach einer handschriftlichen Notiz seines Vaters statt der allgemein gehaltenen Wendung der früheren Ausgaben eingesetzt hat;**) und doch, wie bezeichnend ist jenes Mißverständnis des Biographen, die Deutung auf Heine! auf ihn paßt die Stelle offenbar besser noch als auf Platen; die Liebe fehlt ihm, und aus diesem einfachen Grunde kann man ihn nicht den „Dichter der Liebe“ nennen.

„Verdroßnen Sinn im kalten Herzen hegend,
Schau ich verdrießlich in die kalte Welt“ —,

das ist die treffend gewählte, dem Dichter selbst entnommene Unterschrift eines der besten Jugendbilder Heines von Ludwig Grimm.

Dagegen bekennt Goethe in „Hans Sachsens poetischer Sendung“:

So wird die Liebe nimmer alt,
Und wird der Dichter nimmer kalt.

Wüßten wir nicht, daß Heine seinen nächsten Angehörigen, freilich auch nur den nächsten, herzlich zugethan gewesen, wir würden uns manchmal versucht fühlen, an Gretchens Worte über Mephistopheles zu denken:

„Kommt er einmal zur Thür herein,
Sieht er immer so spöttisch drein . . .
Es steht ihm an der Stirn geschrieben,
Daß er nicht mag eine Seele lieben.“ — —

---

*) Z. B. dem anonymen Verfasser des Artikels in den Grenzboten „H. Heine“ 1894, Nr. 39 S. 605.

**) Vorwort zur 3. und 4. Auflage der „Gespräche mit Goethe“ von Karl Eckermann, Juni 1868.

So kommt es, daß Heines Lieder trotz ihres thränenseligen Gefühlsüberschwangs zum größten Teile „tönende Schellen“ sind, und, weil sie einem kalten Herzen entstammen, uns kalt lassen. Aber auch bei seinen besten Liedern scheint mir des Dichters Empfindung nicht viel tiefer und nachhaltiger, als die einer fröhlichen Gesellschaft, die etwa bei einer Landpartie, nach heitern Scherzen plötzlich von elegischer Stimmung überkommen, sein Lied von der Lorelei anstimmt, um gleich darauf wieder ausgelassener Lustigkeit sich hinzugeben.

Nun hat sich zwar Heine bekanntlich keineswegs bloß in der Lyrik, sondern auch in verschiedenen andern Dichtungsarten versucht, doch außer jener kleinen Zahl von Liedern trotz aller Begabung nichts Ganzes, Großes, Unanfechtbares geschaffen; seinen beiden Tragödieen fehlt es bei allem üppigen Gerank poetischen Schmuckwerks an dem festgefügten Bau einer durch lebenswahre Charaktere getragenen Handlung, die, wie schon der Name verrät, des „Dramas“ Seele ist, es erst zum Drama macht; beide sind Tendenzstücke, „Almansor“ in religiöser, „Ratcliff“ in socialpolitischer Beziehung; jenes richtet seine Spitze gegen das Christentum und die jüdischen Konvertiten (es entstand vier bis fünf Jahre, bevor Heine selbst sich taufen ließ), in diesem „brodelt schon“ die socialdemokratische „große Suppenfrage“, der Autor sagt darin sein „letztes Wort, das Losungswort, bei dessen Ruf die fahlen Gesichter des Elends wie Purpur aufflammen und die rotbäckigen Kinder des Glücks zu Kalk erbleichen.“*) Beide Stücke (besonders Ratcliff) sind Versuche des jugendlichen Dichters in gar zu subjektiver Weise sein vielbesungenes Liebesleid auch noch in Scene zu setzen, in beiden herrscht ein blindes Fatum, wodurch hier wie überall die Erreichung aller höheren künstlerischen Absichten zur Unmöglichkeit gemacht wird. Von Almansor gesteht Heine in einem Briefe an Fr. Steinmann**) „daß dies von ihm selbst angestaunte und vergötterte Prachtwerk nicht allein keine gute Tragödie sei,

---

*) Vorrede zur 3. Aufl. der „Neuen Gedichte“.

**) 4. 2. 1821.

sondern gar nicht mal den Namen einer Tragödie verdiene . . .“ „Eine Tragödie müsse drastisch sein“ (soll wohl bedeuten: müsse dramatisches Leben haben) „und dies sei das Todesurteil der seinigen.“ Ratcliff, den Heine eine „dramatisierte Ballade“ nennt, ist kraftvoller und geschlossener in der Sprache, entbehrt aber gleichfalls des eigentlichen dramatischen Nervs so sehr, daß des Autors hohe Meinung von diesem Jugendwerke sehr unberechtigt und nur darum begreiflich ist, weil es eben des Dichters eigenen Liebesroman zum Gegenstande hat. „Es ist wahr oder ich selbst bin eine Lüge“ — schreibt er an Immermann.*)

Ein Lustspiel hat Heine, der sich den „deutschen Aristophanes nennt“,**) nicht geschrieben, seine Novellen, ja selbst der mit so großem Pomp angekündigte „Rabbi von Bacharach“, über den „die Sterne am Himmel weinen“ sollten, sind Fragmente geblieben, seine Reisebilder sind nichts weiter, als ein Konglomerat von geistreichen Einfällen, feuilletonistisches Geplauder „aus dem Hundertsten ins Tausendste“, ohne jede Tiefe und selbst ohne innern Zusammenhang; „man kann wohl ohne Übertreibung sagen,“ behauptet Brandes,***) der von Heines Dichtertalent eine sehr hohe Meinung hat, „daß Heine niemals als Künstler sich eine Aufgabe gestellt und sie gelöst habe.“ Durchweg ist in seinen größeren Arbeiten „der Plan ganz lose, jede einzelne Zeile aber wieder und wieder durchgearbeitet.“

Eine ganz ungewöhnliche Begabung besaß Heine ohne Frage für die Satire, das schärfste Auge für fremde Schwächen, für das Lächerliche überhaupt und einen Witz, wie ihn die Weltlitteratur vielleicht nicht zum zweiten Male gesehn hat. Woher kommt es nun, daß Heine nicht einer der größten Satiriker ge-

*) 10. 4. 1823.

**) Am Schlusse der Geständnisse; im letzten Gesange des Wintermärchens nennt er Aristophanes seinen Vater; die Geistesverwandtschaft beider Männer beleuchtet Brandes in einem eigenen Aufsatz (a. a. O. S. 193); sie ist bei aller Verschiedenheit der Form in der That nicht gering, nur schuf Aristophanes im Gegensatze zu Heine ganze, in sich vollendete Kunstwerke; auch hat bei aller Schärfe der politischen Satire niemand den Patriotismus des großen griechischen Komikers in Zweifel gezogen.

***) a. a. O. S. 194.

worden ist? Die Antwort kann uns Schiller geben. „Der Beruf zum satirischen Dichter," sagt Schiller in der Abhandlung über naive und sentimentalische Dichtung, „fließt allein (!) aus einem glühenden Triebe für das Ideal, dessen Widerspruch mit der Wirklichkeit der Satiriker zu seinem Gegenstande macht." Bei Heine fließt aber die Satire nicht aus jenem edelsten Triebe, sondern meistens aus rein persönlichen Motiven, aus der Rücksicht auf die eigene politische und gesellschaftliche Stellung, aus egoistischen Erwägungen, die seine Handlungsweise wie seine Schriftstellerei zeitlebens bestimmend beeinflußten; nicht selten sind die leicht erkennbaren Beweggründe für die schärfsten satirischen Ausfälle persönliche Feindschaft, Rachsucht und Bosheit; mitunter spielen sogar pekuniäre Nebenabsichten bei seinen Invektiven eine entscheidende Rolle, der Skandal wird gelegentlich sogar (wie z. B. in dem Erbschaftsstreite nach dem Tode des reichen Oheims) geradezu für Erpressungsversuche benutzt. So sinkt der Satiriker zum Pamphletisten herab und ergeht sich als solcher in Überfällen und gemeinen Beschimpfungen ehrenwerter Männer und Frauen, die wir um so weniger als Satire, d. h. als eine besondere Gattung der Poesie, anzusehn Ursache haben, da Heine selbst „das Gemeine als natürlichen Gegensatz des Poetischen" bezeichnet.*) Wohl geißelt sein Spott auch wirkliche Schäden und Verkehrtheiten in Staat und Gesellschaft, Kunst und Wissenschaft, und zuzugeben ist, daß in solchen Fällen Heines Satire, besonders die politische, in jener „niedergedrückten, arretierten Zeit" heilsam, ja befreiend gewirkt hat, öfter aber tritt es klar zu Tage, daß des Satirikers eigene sittliche Mängel und Gebrechen größer sind und mehr zur Satire herausfordern, als die, welche er bekämpft; nicht selten auch mißbraucht er sein Talent, indem er statt des Schlechten das Gute angreift und dem Witze die Wahrheit opfert.

Von den zahlreichen persönlichen Fehden, in denen Heine sein satirisches Talent ohne jede höhere Absicht aus Haß und niedriger Rachsucht zersplitterte, wird an geeigneter Stelle die

---

*) An Immermann 10. 6. 1823.

Rede sein, hier mag ein Beispiel harmloser Art genügen, um darzuthun, wie er einem witzigen Einfall zu Liebe unbedenklich das an sich Gute und Edle lächerlich macht, also weit davon entfernt ist, den Anforderungen, die Schiller an den Satiriker stellt, zu entsprechen.

Im zweiten Bande der Reisebilder*) spricht Heine von den Tirolern der Hochalpen und erzählt folgendes: „Von der Politik wissen sie nichts, als daß sie einen Kaiser haben, der einen weißen Rock und rote Hosen trägt. . . . Als nun die Patrioten zu ihnen hinaufkletterten und ihnen beredsam vorstellten, daß sie jetzt einen Fürsten bekommen, der einen blauen Rock und weiße Hosen trage, da griffen sie zu ihren Büchsen und küßten Weib und Kind und stiegen von den Bergen hinab und ließen sich totschlagen für den weißen Rock und die lieben alten roten Hosen.“

In der That witzig, höchst witzig! daß freilich durch solchen Spott die so oft bewährte Treue der Tiroler für ihr Herrscherhaus, ja ihre Vaterlandsliebe als ein Ausfluß kindischer Einfalt lächerlich gemacht wird, kümmert Heine nicht im geringsten. Hat er doch sein eigenes Vaterland mit seinen Königen und Fürsten, den guten wie den schlechten, seinen Dichtern, Denkern und Helden, mit allem, was der Deutsche ehrt und hochhält, in viel boshafterer Weise verhöhnt, verhöhnt aus der angebornen Neigung, das Erhabne in den Staub zu ziehen, was andern teuer und heilig ist, profanierendem Gelächter preiszugeben — aus Haß gegen jede Autorität, welcher Art sie sei, und aus Freude an Negation und Zerstörung. Alfred Meißner,**) Heines unbedingter Bewunderer, erzählt, daß er oftmals an ihm ein „dämonisches, destruktives Lächeln“ beobachtete; „er lächelte, als wäre er der Dämon des Zerfalls und der Zerstörung selber.“ Dieses Lächeln finden wir auch unendlich oft in Heines Schriften, wo es sich um die edelsten und heiligsten Dinge handelt, und fühlen uns veranlaßt an des Dichters eigene Worte***) zu denken:

---

*) Kap. XII.

**) A. Meißner, H. Heine S. 99 f.

***) Atta Troll Kap. VII.

„Es offenbart sich
Durch das Lächeln eines Menschen
Seiner Seele tiefste Frechheit.“ — —

„Weltverachtender Nihilismus“ ist nach Strodtmann*) „das Endresultat von Heines geistiger Entwickelung“; „er steigert sich in einigen seiner letzten Erzeugnisse zu cynischer Wildheit oder bisweilen gar zu so skurriler Obscenität, daß die Mitteilung einzelner solcher Krankheitsphantasieen für jetzt unterbleiben mußte. Wie furchtbar der Stachel seiner nihilistischen Weltanschauung sich zuletzt nicht gegen die romantischen Auswüchse allein, sondern gegen die Poesie selber kehrt, erhellt unter anderem aus dem Nachworte zu einem dieser nicht zur Veröffentlichung geeigneten Gedichte,**) wo mit nacktem Hohne erklärt wird:

„Wißt ihr doch, daß jede Kunst
Ist am End' ein blauer Dunst.“ —

Jede Kunst? oder nur Heines eigene?

II.

„Alles, was der Dichter uns geben kann,“ sagt Schiller,***) ganz in Übereinstimmung mit Goethe,†) ist „seine Individualität. Diese muß es also wert sein, vor Welt und Nachwelt ausgestellt zu werden.“ — „Mit Recht verlangt der gebildete Mann vom Dichter, daß er im Intellektuellen und Sittlichen auf einer Stufe mit ihm stehe.“ Es liegt natürlich Schiller durchaus fern, die Sittlichkeit des Dichters zum Prüf-

---

*) H. Heines sämtliche Werke. Vorwort zum Supplementband S. XV f.

**) Gemeint ist das Gedicht „Citronia“, das die neueren Ausgaben bereits enthalten; freilich hatte Heine selbst zunächst aus Anstandsrücksichten die zum Verständnis unentbehrliche Hauptstelle fortgelassen; erst durch die jüngst erfolgten Veröffentlichungen von Jules Legras in der Deutschen Rundschau (Juni 1894 S. 353) wurde der Schleier gelüftet. Wir wissen nun, was Heine unter dem „Bilde der ersten Blüte seiner Minne“ versteht.

***) Hempelsche Ausgabe, Bd. XIV S. 522.

†) Vgl. oben S. 6: „Der Dichter wird, gebärde er sich, wie er will, immer nur sein Individuum zu Tage fördern“.

stein für den Wert seiner Dichtungen zu machen, doch einen **indirekten** Einfluß räumt er ihr ein, denn „nur der reife, der vollkommene Geist ist es, von dem das Reife, das Vollkommene ausfließt“. Ist der Charakter des Dichters unabgeklärt, unedel oder gar gemein, so muß sich dies in seiner Poesie offenbaren, wie umgekehrt bis zu einem gewissen Grade ein Rückschluß vom Werke auf den Dichter berechtigt ist. Nirgends wird sich diese Wechselbeziehung zwischen Kunstwerk und Künstler inniger gestalten als in der Lyrik, die ja immer ein klarer Spiegel der Dichterseele ist. Bei keinem Dichter tritt dies deutlicher zu Tage als bei Heine, der stets der schrankenlosesten Subjektivität huldigte, ja selbst sich einmal — im Scherz und doch zutreffend — einen „armen Subjektivling“ nennt. So bildet die Kenntnis seines Charakters und seiner Lebensumstände den oftmals sehr erwünschten Schlüssel für das Verständnis seiner Werke; er löst uns auch das wunderbare Rätsel, wie der Sänger zarter, duftiger Liebeslieder, aus denen wir auf eine ursprünglich edle Naturanlage schließen möchten, Gedichte veröffentlichen konnte, die zu den gemeinsten in der ganzen deutschen Litteratur gehören. —

Genau dieselben unvermittelten Gegensätze, dieselbe Zerrissenheit, wie Heines Werke, zeigt auch sein Leben und sein Charakter. Ein tieferer Einblick in seine Seele, wie wir ihn am unmittelbarsten bei sorgfältigerer Durchsicht seiner Briefe gewinnen, lehrt uns, daß diese Seele ein einziger großer Kontrast war, ein wilder Wald, in dem Giftpflanzen neben duftigen Blumen wucherten und Nachtigallengesang mit Schlangengezisch wechselte. Wenn Heine sagt:*) „Es giebt Herzen, worin Scherz und Ernst, Böses und Heiliges, Glut und Kälte sich so abenteuerlich verbinden, daß es schwer wird darüber zu urteilen,“ so hat er sich selbst geschildert.

Statt durch die Kontraste in Heines Wesen sich verwirren zu lassen, muß man darum **vielmehr** bei seiner **Charakterschilderung den Kontrast zum Ausgangspunkte nehmen.**

---

*) Die Stadt Lucca Kap. XI.

Er lag ebenso in des Dichters ganzer Begabung wie in den Zufälligkeiten seiner Geburt und Abstammung, seiner Erziehung und Lebensführung, ja der Kontrast lag in der Zeit selbst, jener gärenden Übergangszeit politischer wie litterarischer Kämpfe.

Heines reiche Begabung stand nicht unter der sicheren Leitung einer festen Willenskraft, und so fehlte es ihr an der innern Einheit, die allein durch das Zusammenwirken aller Geisteskräfte einheitliche dichterische Gebilde zu schaffen befähigt ist. Stets kämpfte in ihm die überströmende Fülle der Dichterphantasie mit dem angebornen scharfen, durch die Hegelsche Philosophie geschulten Verstand; das Vermögen, das Schöne und Große in Natur und Menschenleben zu empfinden, mit der Freude an der Hervorkehrung seines Gegensatzes, des Häßlichen und Gemeinen; romantische Gefühlsschwärmerei und die Neigung, sich in einer phantastischen Traumwelt zu verlieren, mit scharfer Beobachtungsgabe für die Alltagserscheinungen des gemeinen Lebens und einem weit über die Ironie der Romantiker hinausgehenden, alles zersetzenden Witz; zügellose Sinnlichkeit und unersättliche Lebenslust*) mit bewundernswerten Anstrengungen eines nimmer rastenden, durch keine Krankheit zu beugenden Geistes; keckster Wahrheitsmut, der auch die gemeinsten Handlungen einzugestehen nicht Anstand nimmt, mit raffinierter Verlogenheit und Heuchelei.

Mannigfaltige Einflüsse äußerer und innerer Art, wie Herkunft, Erziehung, Berufswahl und Lebensschicksale, trugen das Ihrige dazu bei, diese bereits in den Anlagen vorhandenen Gegensätze weiter zu entwickeln und zu verschärfen. Als Sohn des jüdischen, damals noch fast aller bürgerlichen Rechte ermangelnden Volkes, sah Heine sich, zum Selbstbewußtsein erwacht, in religiöser, politischer, gesellschaftlicher Beziehung in scharfem Gegensatze zu dem Volke und Lande, in dem seine Wiege stand; als Rheinländer lernte er frühzeitig die Reize schöner Natur und freudiger Lebenslust kennen, zugleich aber

*) „Ich bin ein Toter, den es dürstet nach den glühendsten Genüssen, die das Leben gewährt! Es ist entsetzlich.“ Brief an die Mouche vom Krankenbette, etwa ein halbes Jahr vor des Dichters Tode.

auch die starren Satzungen der sinnenfeindlichen Religion seiner Väter — und daneben die Macht der katholischen Kirche, die mit ihren himmelanstrebenden Domen, ihren prunkvollen Prozessionen und Wallfahrten und der ganzen festlichen Pracht ihres Kultus auf den jungen Poeten einen nachhaltigen Eindruck machte;*) der frühreife Dichter sieht sich gezwungen, in kaufmännischen Geschäften Wechsel auszustellen und mit Muskatnüssen zu handeln; er lernt in Hamburg zugleich reine und niedere Minne kennen; zur Zeit der hoffnungsvollsten Entfaltung seines Dichtergenius sieht er sich gezwungen, das „gottverfluchte Studium der Jurisprudenz“ zu ergreifen; in Berlin erfährt er die veredelnden Einflüsse des Umgangs mit hochbegabten Männern und edlen Frauen, zugleich aber auch die gefährlichen Reize eines ausgelassenen, wüst-genialen Treibens mit tollen Gesellen; von freigeistigen Eltern im jüdischen Glauben, doch ohne jede Kräftigung religiöser Gefühle erzogen und frühzeitig von philosophischer Skepsis ergriffen, tritt er materieller Vorteile halber zur christlichen Kirche über, die er, in seinen praktischen Berechnungen enttäuscht, nunmehr geradezu haßt und verabscheut; ein deutscher Dichter verbringt er sein halbes Leben in Frankreichs Hauptstadt in freiwilligem Exil: — das alles waren Gegensätze, die ihre tiefgehenden Spuren in Heines Charakter und Dichtung hinterlassen mußten und die er niemals völlig überwand.

So kämpft in ihm beständig der jüdische und der christliche, der französische und der deutsche Geist, der Kaufmann und Jurist mit dem Dichter, der Minnesänger mit dem Lebemann, der Demokrat von Geburt mit dem Aristokraten des Talentes; besonders in politischer und religiöser Beziehung bewirkten diese Kontraste einen unlösbaren Widerspruch. Heine war Rheinländer von Geburt, Preuße „durch das Recht der Eroberung“, Franzose durch die Macht der ersten Jugendeindrücke und langjährigen Aufenthalt in Frankreich; er war Jude zufolge seiner Abkunft, Atheist aus Neigung zur

*) Vgl. „Die Wallfahrt nach Kevlaar.“

Negation und Abneigung gegen jede positive Moral, protestantischer Christ durch die Taufe und für den Katholicismus eingenommen durch den sinnlichen Reiz seines Rituals und durch „die Liebenswürdigkeit katholischer Geistlichen“.*)

Diese Gegensätze konnte Heine um so weniger ausgleichen und überwinden, da sie z. T. in der Zeit selbst zu liegen schienen oder wenigstens aus ihr beständige Nahrung zogen. Wenn Heine einmal klagt,**) „die Welt sei mitten entzweigerissen“ und „da das Herz des Dichters der Mittelpunkt der Welt sei, so müsse es wohl in jetziger Zeit jämmerlich zerrissen werden — durch das seinige ginge der große Weltriß“ — so liegt bei aller selbstgefälligen Wichtigthuerei und großsprecherischen Übertreibung doch etwas Wahres in diesen Worten.

Heines Auftreten fällt in eine Zeit der Zerissenheit und Gärung in politischer wie in litterarischer Beziehung . . .

Auf den kühnsten Aufschwung opferfreudiger Vaterlandsliebe, der zur Befreiung Deutschlands geführt, war eine Zeit des Friedens und der Ruhe gefolgt, aber einer Kirchhofsruhe! „Man muß es gestehen,“ sagt Heinrich von Sybel,***) „niemals ist einem großen, mit frischem Siegeslorbeer gekrönten Volke eine kümmerlichere Unverfassung auferlegt worden, als es damals dem deutschen durch die Bundesakte geschah. Die mächtigen Gedanken, welche Preußens Wiedergeburt und damit Deutschlands Befreiung vorbereitet hatten, waren hier in ihr Gegenteil verwandelt. Es war kein Wunder, daß in weiten Kreisen ein erbitterter Widerspruch erscholl.“ Wehrlosigkeit und feige Schwäche nach außen, Willkür und Despotie im Innern bei völliger Unfruchtbarkeit an schöpferischen Ideeen und Thaten, das war die armselige Signatur des deutschen Bundes, die jeden Vaterlandsfreund mit tiefer Beschämung erfüllte. Prinz Wilhelm von Preußen, der nachmalige große Kaiser, schreibt in einem Briefe vom 31. März 1824: „Was unsere äußere Lage betrifft, so muß ich

*) Fanny Lewald a. a. O. S. 236.

**) Die Bäder von Lucca Kap. IV.

***) H. v. Sybel, Die Begründung des deutschen Reiches durch Wilhelm I., Bd. I S. 52.

leider ganz Ihrer Ansicht beitreten: hätte die Nation 1813 gewußt, daß nach elf Jahren von einer damals zu erreichenden und wirklich erreichten Stufe des Glanzes, Ruhmes und Ansehns nichts als die Erinnerung und keine Realität übrig bleiben würde, wer hätte damals wohl alles aufgeopfert, solchen Resultates halber? Die Aufstellung jener Frage verpflichtet auf das heiligste, einem Volke von elf Millionen den Platz zu erhalten, welchen es durch Aufopferungen erlangte, die weder früher gesehn worden noch werden gesehn werden. Aber hieran will man nicht mehr denken. (Mitgeteilt von Sybel a. a. O.)

Doch trifft die preußische Regierung an dieser kläglichen Lage der deutschen Verhältnisse die geringere Schuld. Die Reformen Scharnhorsts und besonders Steins, durch welche die Wiedergeburt und siegreiche Erhebung ermöglicht worden war, suchte Hardenberg mit der ihm eigenen Gewandtheit, wenn auch nicht mit der Energie und Charakterstärke seines großen Vorgängers, weiterzufördern; unablässig war er mit den Vorarbeiten für die 1815 in Aussicht gestellte repräsentative Verfassung beschäftigt, wobei er durch den preußischen Beamtenstand, der damals gerade durch besondere Tüchtigkeit sich auszeichnete, sich wirksam unterstützt sah. Auch Historiker von ausgesprochen liberaler Richtung wie Constantin Bulle*) geben zu, daß damals in Preußen „ein schönes Band des Vertrauens Volk und König aneinander fesselte“ und „im allgemeinen die Zustände so tüchtig und gesund waren, wie nirgends sonst in Deutschland“ . . . „Wissenschaft und Unterrichtswesen blühten und in religiöser Beziehung herrschte in Preußen eine Freiheit, die in spätern Jahren oft sehnsüchtig zurückgewünscht wurde.“

Das eigentliche Hindernis jeder gedeihlichen Fortentwickelung war die Regierung des Fürsten Metternich, „der Quell und Hort der deutschen Reaktion.“**) Steins Reformen waren Metternich, wie alles, was der Politik des Stillstandes und der Versumpfung beunruhigend erschien, alles, was volkstümliches Gepräge trug, in tiefster Seele verhaßt; konnte er sich doch selbst

*) C. Bulle, Geschichte der neuesten Zeit Bd. I S. 190 f.

**) H. v. Sybel a. a. O. S. 134.

die begeisterte Erhebung Preußens zur Abschüttelung des französischen Joches „nur als ein Erzeugnis einer weitangelegten demagogischen Verschwörung erklären".*) Metternich war es, der jeden politischen und geistigen Fortschritt, jede noch so notwendige Reform hinderte, er war der Mann, der Deutschland um die Früchte der Befreiungskriege betrog. Kleinlich und intrigant wie sein Charakter**) war seine Staatskunst, aller höheren Ziele bar; ihr Universalmittel war die Polizei; Presse und Schule, ja die deutschen Volksvertretungen unter Aufsicht der Bundespolizei zu stellen, war sein „alter Lieblingsgedanke".***) Das Attentat des beschränkten Fanatikers Sand auf den wegen seiner gehässigen Polizeiberichte an Rußland allgemein gehaßten Staatsrat Kotzebue bot Metternich eine willkommene Handhabe, um durch die Karlsbader Beschlüsse†) eine völlige Vernichtung aller nationalen und freiheitlichen Bestrebungen anzubahnen. Die Preßfreiheit wurde aufgehoben, die Burschenschaften und Turnvereine aufgelöst und jene berüchtigte Mainzer Kommission zur Aufspürung demagogischer Umtriebe eingesetzt, welche Männer wie Arndt und Jahn mit Verfolgungen zu chicanieren nicht müde wurde und selbst Stein, Gneisenau, Schön und Schleiermacher verdächtigte. „Wohin war es doch mit der preußischen Gerechtigkeit gekommen," ruft Treitschke††) aus, „wenn Ernst Moritz Arndt, dieser Treueste der Getreuen, sich genötigt sah, seine Briefschaften im Keller und unter den Dielen seiner Zimmer zu vergraben!"†††) —

---

*) v. Sybel a. a. O. S. 39.

**) Vgl. die Charakteristik in Anton Springers Geschichte Österreichs seit dem Wiener Frieden I S. 128 ff. Übrigens war Metternich ein großer Verehrer Heines, der auch für ihn „ein gewisses tendre" zu haben bekennt, und erzählte dem Fürsten Pückler-Muskau, daß er „bei der Lektüre Heinischer Gedichte zuweilen Thränen vergossen habe". Heines Zueignungsbrief der Lutetia an den Fürsten vom 23. 8. 1854.

***) v. Sybel a. a. O. S. 69 u. 82.

†) Sie wurden 1819 in ungesetzlichem Verfahren gefaßt, und erst 1824 in rechtlicher Form erneuert. Wilhelm von Humboldt nannte sie „schändlich, unnational, ein denkendes Volk aufregend".

††) Treitschke, Deutsche Geschichte des 19. Jahrhunderts Bd. III S. 437.

†††) Vgl. Arndts Klagen im „Notgedrungenen Bericht aus meinem Leben" S. 47, 75, 99, 399 u. a.

Die traurigen Wirkungen der Metternichschen Staatskunst, die durch die Ungunst der Zeitlage trotz ihrer Armseligkeit Deutschland fast 40 Jahre hindurch beherrschte, zeigten sich in der Weckung eines tiefen, noch lange unheilvoll fortwirkenden Mißtrauens zwischen Regierung und Volk und in dem allmählichen Absterben des patriotischen und nationalen Gefühls, mit dem eine übertriebene Bewunderung des Auslandes Hand in Hand ging.

Wie man die klägliche Lage der damaligen deutschen Verhältnisse klaren Auges erkennen und rückhaltlos anerkennen muß, um den Errungenschaften der neuren Zeit gerecht werden zu können, so muß man auch zugeben, daß Heines politische Schriftstellerei in diesen Zeitverhältnissen ihre Erklärung und bis zu einem gewissen Grade ihre Rechtfertigung findet; nur darf man nicht die Geschmacklosigkeit begehn, ihn zum Märtyrer der Freiheit oder zu einem begeisterten Patrioten stempeln zu wollen. —

Die furchtbaren Stürme der großen Revolution standen in zu scharfem Gegensatz mit der völligen politischen Windstille zur Zeit der heiligen Allianz, der Glanz der Napoleonischen Ära mit der Trübseligkeit der Folgezeit, das Bild der erhofften Freiheit mit dem Zerrbild der Bundesakte, als daß man nicht begreifen sollte, wie der leicht entzündliche Sinn eines Dichters von der Vergangenheit hätte geblendet, von der Gegenwart abgestoßen werden müssen. Bemerkenswert ist nur, daß Heines Begeisterung niemals der deutschen Vergangenheit gilt, daß deutsche Helden- und Großthaten für ihn nicht zu existieren scheinen, daß er Deutschlands Todfeind Napoleon in den Himmel erhebt, aber Männer wie Friedrich den Großen*) oder die Helden der Befreiungskriege nur nennt, um sie aufs häßlichste zu verunglimpfen.

Wohl hatte Heine für die Schwächen und Kontraste seiner Zeit, die ihm eine unerschöpfliche Fundgrube für Witz und Satire darboten, das schärfste Auge, den wichtigsten nationalen Interessen jedoch, so besonders der Frage nach Deutschlands Einigung,

*) Vgl. das Gedicht „Der Wechselbalg“.

„der höchsten Idee, welche alle Männer von Wert in jener Zeit beseelte"*) und von patriotischen Herzen wie ein heiliger Schatz gehütet wurde, stand er sein Leben lang völlig gleichgültig gegenüber; der nationale Gedanke, die Begeisterung für ein einiges und durch Einheit starkes Deutschland mußte freilich dem Manne gänzlich fremd bleiben, der noch am Abend seines Lebens in der Schlacht bei Belle-Alliance nur „die schlechte Sache des verjährten Vorrechts, den servilen Knechtssinn über die Interessen der Freiheit und Gleichheit triumphieren sah"**); der im „Wintermärchen" über Deutschland in allen seinen Lebensformen den bittersten Spott und Hohn ausgießt, und über seine Zukunft, ohne Ahnung oder Wunsch seiner künftigen Größe, in unflätigster Weise sich lustig macht. Wohl liebt Heine die Freiheit, doch nur seine eigene; und auch sie samt den so kühn verteidigten radikalen Überzeugungen ist er bereit den materiellen Vorteilen einer Staatsstellung in München oder Berlin zum Opfer zu bringen. Alle nationalen, ja alle positiven, auf Stärkung der Volkskraft gerichteten Bestrebungen, wie die der Turnvereine, sind ihm verhaßt; ernste Fragen, ja heilige Interessen der Nation behandelt er mit frivoler spöttischer Oberflächlichkeit, und wenn er gegen die blöde Beschränktheit des Philistertums die Raketen und Brandpfeile seines Spottes entsendet, so kommt es ihm nicht darauf an zu bessern, sondern das Blitzlicht seines Witzes leuchten zu lassen; er will nicht aufbauen, sondern niederreißen.

Dieselben unvermittelten Gegensätze wie die Zeit von Heines Auftreten zeigt auch ihr Spiegelbild, die zeitgenössische Litteratur.

Wie die politische Reaktion alles öffentliche Leben zu unterdrücken suchte, hatte sich die vielfach mit ihr im Bunde stehende Romantik von dem Leben der Gegenwart der Vergangenheit zugewendet und bildete in ihrer Vorliebe für die phantastische Traumwelt der „mondbeglänzten Zaubernacht" einen schroffen Gegensatz zu dem heitern Tageslicht des klassischen

*) Constantin Bulle a. a. O. I 79.

**) Heine, Geständnisse 1853/54.

Kunstideals, in der durch die Freiheitskriege hervorgerufenen, stärkeren Betonung des deutsch-nationalen Standpunktes einen lebhaften Kontrast zu der kosmopolitischen Weltanschauung des 18. Jahrhunderts. Eine Reaktion gegen diese Reaktion war das junge Deutschland, das nunmehr zugleich in politischer und litterarischer Beziehung den Forderungen der Gegenwart, des wirklichen Lebens, dem Freiheitsbedürfnis des Individuums zur Anerkennung verhelfen wollte, aber in seinem verwegenen Ansturm gegen das Bestehende weit über das Ziel hinwegschoß und mit dem Überlebten und Unhaltbaren in Staat, Kirche und Gesellschaft oft genug auch das Gute befehdete und das Wertvolle über Bord warf, dabei aber gleichfalls in eigenen Schöpfungen großen Stils sich völlig unfruchtbar erwies.

Kein Schriftsteller drückt die mannigfaltigen Gegensätze der Zeit so scharf und unvermittelt aus wie Heine.

Als Sohn eines der bürgerlichen Gleichberechtigung ermangelnden Volksstamms ist Heine ein abgesagter Feind aller Vorrechte der Geburt und darum Demokrat, ja Revolutionär, zugleich aber, da er sich als „Prinz aus Genieland“ fühlt, in innerster Seele Aristokrat; ein Gegner demokratischer Mittelmäßigkeit und Gleichmacherei verlangt er die Herrschaft des Genies, d. h. die von seinesgleichen; „die Emancipation des Volkes“ nennt er „die große Aufgabe seines Lebens“ und gesteht doch zugleich, daß sich seine reinlich-sensitive Natur gegen jede persönlich nahe Berührung mit dem Volke sträube; er ist nichts weniger als ein Volksfreund.

Als Dichter ist er in seinen besten Liedern Romantiker und doch des Effekts halber nicht selten von derbster Realistik, ja durch seinen Witz der eigentliche Zerstörer der Romantik.

Heines unvergleichlicher Witz, ohne den er aufhörte Heine zu sein, hatte in solchen Gegensätzen seinen innersten Grund, erhielt durch sie stets neue Nahrung; Kontrast ist die Seele alles Witzes, und Heines Seele war ein einziger Kontrast; so entspringt seine größte Stärke aus derselben Quelle wie seine Hauptschwächen.

Aus diesen Gegensätzen kam Heine nie heraus; sie bilden

die Signatur seiner Schriftstellerei wie seines Charakters und geben ihr etwas Widerspruchsvolles, Unfertiges, Halt- und Charakterloses; Gefühle und Worte, Worte und Thaten stimmen bei ihm fast nie überein, sondern werden oftmals von Zufälligkeiten und Launen beeinflußt, öfter von Berechnung und Selbstsucht.

Mit diesem Worte spricht man das leitende Hauptmotiv in Heines Charakter aus, nennt man den Schlüssel für manche sonst rätselhaften Äußerungen seines Wesens. Heine ist selbstsüchtig in Liebe und Freundschaft, in seinem ganzen Dichten und Trachten, in seiner politischen Stellungnahme und publicistischen Thätigkeit; ja selbst seine religiösen Anschauungen stehen (ihm selbst vielleicht unbewußt) sichtlich unter diesem Einfluß, der alle seine Empfindungen an der Quelle vergiftet.

Heines Liebe nimmt, wie wir gesehen, gar zu oft den Charakter selbstsüchtig begehrlicher Sinnlichkeit an und verrät deutlich genug ihre Natur, indem sie, verschmäht, sich in ihr Gegenteil, in Groll, Hohn und Rachsucht verwandelt; in der Freundschaft wird Heine, wie bei näherer Prüfung aufs klarste sich ergeben wird, durchweg von egoistischen Motiven beherrscht, und löst jedes auch noch so intime Band, sobald er sich gereizt fühlt oder sich keine Vorteile mehr von dem Freunde verspricht; in der Politik vertritt er den radikalen, ja revolutionären Standpunkt, weil er durch Umwälzungen nur gewinnen kann, versucht aber insgeheim, „mit den Gewalthabern zu paktieren“, zu „transagieren“, wie er es nennt, um sich eine gesicherte Anstellung im Staatsdienste zu erobern; auf religiösem Gebiete läßt sich Heine weniger durch die Frage nach der innern Wahrheit einer Konfession als durch die Rücksicht auf äußere persönliche Vorteile bestimmend beeinflussen, wie sein Übertritt zu der von ihm geradezu gehaßten christlichen Kirche und der ganze Verlauf seiner religiösen Wandlungen beweist.

Leicht begreiflich ist es, wie Heines schrankenloser Egoismus für Fehler aller Art die Quelle wurde, wie Eitelkeit, Unwahrhaftigkeit, Rachsucht, ja selbst die ausgesprochene Neigung zur absoluten Negation alles Bestehenden in ihm ihre letzte Wurzel hatten; nur in indirektem Zusammenhange damit steht ein anderer Kardinalfehler Heines, der in gleicher Weise einen unheilvollen Einfluß auf sein Leben und Dichten ausübte, ich meine die ungezügelte Sinnlichkeit seiner Natur, die ihn in Ausschweifungen seine Lebenskraft vergeuden ließ und auch oft genug seiner Poesie wie seiner ganzen Schriftstellerei den Stempel cynischer Frivolität aufdrückte.

Daß Heine den Ton wahrer, reiner Liebe in seinen Liedern nie recht zu treffen weiß, dürfte darin seinen letzten Grund haben, daß er von früher Jugend an ein wildes, ausschweifendes Leben führte, wodurch allmählich die edleren Regungen seines Herzens verkümmern mußten. Daß dem so ist, beweisen schon allein seine eignen, oft von einer schamlosen Offenheit zeugenden Mitteilungen. Schon der Roman, den er als Knabe mit einer Scharfrichterstochter, der „roten Josepha“, erlebte, ließ in ihm, wie er in seinen Memoiren erzählt,*) „die ersten Flammen jener zwei Passionen auflodern, welchen sein späteres Leben gewidmet blieb: die Liebe für schöne Frauen und die Liebe für die französische Revolution“. Die hübsche Henkerstochter hat nach Heines Geständnis „gewiß den größten Einfluß auf den erwachenden Poeten geübt“, so daß seine ersten Gedichte, die „Traumbilder“ . . . „ein düsteres und grausames Kolorit erhielten“, wir können hinzufügen, wahre Orgieen einer bald in grausigen, bald in sinnlichen Bildern schwelgenden Phantasie sind.

In Hamburg war, wie mehrere Schriften Heines**) verraten und wie er offen an Wohlwill schreibt,***) „sein äußeres Leben toll, wüst, cynisch und abstoßend“; ähnlich blieb es in Göttingen†)

---

*) Heines Memoiren, herausg. von Engel S. 192.

**) Besonders die „Memoiren des Herrn von Schnabelewopski“ und „Deutschland ein Wintermärchen“ Kap. XXIII f.; vgl. Strodtmann, H. Heine I 424.

***) 1. 4. 1823.

†) Erinnerungen an H. Heine von Maximilian Heine S. 76. Vgl. Heines Ausstoßung aus der Burschenschaft, die nach Goedeke (Gesch. d. d. Dicht. Bd. III S. 439) ihren Grund in einer Krankheit hatte.

und in Berlin,*) in England**) und München***) und bei seiner Reise nach Italien;†) er setzte dies Leben später in Paris fort, selbst als er bereits mit Mathilde Mirat vermählt war††) und besaß die Offenheit, oder richtiger die Schamlosigkeit, in den gemeinen Gedichten an „Verschiedene" (1832—1839) und zahlreichen andern†††) dies aller Welt zu enthüllen. Die furchtbare Rückenmarkschwindsucht, die ihn acht Jahre lang marterte und endlich seinen Tod herbeiführte, war die Folge dieser Ausschweifungen.*) — Bemerkenswert ist eine Selbstverteidigung, die Heine nach dieser Richtung in einem seiner letzten Gedichte versucht:

Hab' eine Jungfrau nie verführet
Mit Liebeswort, mit Schmeichelei;
Ich hab' auch nie ein Weib berühret,
Wußt' ich, daß sie vermählet sei.

Wahrhaftig, wenn es anders wäre,
Mein Name, er verdiente nicht
Zu strahlen in dem Buch der Ehre;
Man dürft' mir spucken ins Gesicht.

---

*) Strodtmann, H. Heine I 169. Vgl. die Widmung des in Berlin entstandenen Ratcliff an Merkel und Verse wie die bekannten: „Blamier' mich nicht, mein schönes Kind, und grüß mich nicht unter den Linden; wenn wir nachher zu Hause sind, wird sich schon alles finden."

**) An Moser, London, d. 9. Juni 1827: „Wenn ich lebend aus England herauskomme, so sind die Weiber nicht schuld daran; sie thun das Ihrige." An Varnhagen 19. 10. 1827.

***) An Varnhagen 1. 4. 1828.

†) Vgl. Heines Reisebilder II, Die Bäder von Lucca. Seine Nichte Maria Embden-Heine, die italienische Principessa, spricht darüber in ihren Erinnerungen an H. H. (S. 81) mit echt Heinischer Unbefangenheit: „Hier hatte er in Liebe und Wonne geschwelgt und sich auch den Keim seiner Krankheit geholt, denn wie eine emsige Biene flog er von der einen zur andern und war nie liebessatt."

††) Vgl. die Briefe an Lassalle vom 10. 2. und 27. 2. 1846. — Deutsche Revue 1884 IX 3 S. 167 f.

†††) Vgl. z. B. das „Hohelied" und einige Gedichte aus dem Nachlasse. In einem derselben (Strodtmann, Supplem. 1869 S. 68) vergleicht er sich dem Sänger „Frauenlob", denn die Frauen, „sie werden's sein, die mich zu Grabe bringen".

*) Prölß, H. Heine S. 314.

Und doch bezichtigt er mit der ihm eigenen cynischen Offenheit sich selbst geradezu des bewußten Ehebruchs in dem gemeinen Gedichte „Schnapphahn und Schnapphenne“; halten wir jedoch den Rückschluß von Dichtungen auf Thatsachen trotz des stark realistischen Tons und der beständigen Erwähnung der eigenen Person für unzulässig, so können wir in keinem Falle dem Dichter den Vorwurf ersparen, daß er seine Kunst dazu herabwürdigte, ganz ohne alle Milderung durch die Schleier der Dichtung in platter Gemeinheit der Form Dinge von sich auszusagen, für die er nach eigenem Geständnis angespieen zu werden verdiente.

Zur Verteidigung Heines hat man mit Recht auf die wenigen edleren Seiten seines Charakters hingewiesen, doch meines Wissens nur zwei*) namhaft zu machen vermocht, die ohne Zweifel der Anerkennung wert sind und gerade bei seinen Stammesgenossen so häufig sich finden: ich meine Heines freigiebige Mildthätigkeit und die Liebe zu seinen nächsten Verwandten und Angehörigen.

Wenn Heines Wohlthätigkeit auch von Laune und Zufall abhängig war, so wurden ihrer doch viele Bedürftige froh, namentlich unglückliche deutsche Landsleute, die in Paris ihn oftmals um Unterstützungen angingen und meistens für die empfangenen Gaben in ihren Berichten an deutsche Zeitungen ihm mit Undank lohnten. Das hinderte Heine nicht, wie er sagte, „ab und zu seine Karte beim lieben Gott abzugeben“.

Nie jedoch erscheint uns der Dichter in so günstigem Lichte, wie wenn er mit Wärme und Liebe von seinen Eltern spricht. Dies geschieht recht oft, doch freilich nicht immer, wenigstens hat er sich über seinen Vater, wenn auch sicher ohne jede böse Absicht, so rückhaltslose Äußerungen erlaubt, daß dieser in den Memoiren keineswegs von besonders vorteilhafter Seite erscheint. Jedenfalls sind diese Mitteilungen für beide Teile so charakteristisch und für einen Einblick in des Dichters Erziehung

*) Höchstens könnte man noch seinen Heroismus in der Ertragung körperlicher Schmerzen dazu rechnen.

und früheste Beeinflussung so bedeutsam, daß sie hier wohl etwas ausführlicher wiedergegeben werden dürfen.*)

„Im Gefolge des Prinzen Ernst von Cumberland machte mein Vater den Feldzug in Flandern und Brabant in der Eigenschaft eines Proviantmeisters mit“ . . .; „aus jener Feldzugsperiode stammen manche bedenkliche Liebhabereien meines Vaters, die ihm meine Mutter nur allmählich abgewöhnen konnte. Z. B. ließ er sich gern zu hohem Spiel verleiten (gerade wie der Dichter selbst**), protegierte die dramatische Kunst oder vielmehr ihre Priesterinnen (wie der Sohn das Ballett***), und gar Pferde und Hunde waren seine Passion“ . . . „Aus der Feldzugsperiode meines Vaters stammte auch wohl seine grenzenlose Vorliebe für den Soldatenstand oder vielmehr für das Soldatenspiel, die Lust an jenem lustigen, müßigen Leben, wo Goldflitter und Scharlachlappen die innere Leere verhüllen und die berauschte Eitelkeit sich als Mut gebärden kann. In seiner junkerlichen Umgebung gab es weder militärischen Ernst noch wahre Ruhmsucht; von Heroismus konnte gar nicht die Rede sein. Als die Hauptsache erschien ihm die Wachtparade, das klirrende Wehrgehenke, die straffanliegende Uniform, so kleidsam für schöne Männer . . .“

„Die Schönheit meines Vaters†) hatte etwas Überweiches, Charakterloses, fast Weibliches . . . Ich will hiermit keineswegs einen Mangel an Männlichkeit andeuten: letztere hat er zumal in seiner Jugend oft erprobt, und ich selbst bin am Ende ein lebendes Zeugnis derselben. Es sollte das keine unziemliche Äußerung sein“.. u. s. w. „Eine grenzenlose Lebenslust††) war ein Hauptzug im Charakter meines Vaters, er war genußsüchtig, frohsinnig, rosenlaunig. In seinem Gemüte war beständig

---

*) Nach E. Engel, Heinrich Heines Memoiren 1884 S. 138 ff.

**) H. spielte sowohl am grünen Tisch (Brief an Fr. Merckel, Norderney 25. 7. 1826) wie an der Börse (Briefe an F. Lassalle 10. 2. 46 und 27. 2. 46)

***) Vgl. das Abenteuer mit der Frisette (Deutsche Revue 1884 IX 3 S. 167 f.) und den Gedichtcyklus „Pomare“.

†) a. a. O. S. 133 f.

††) a. a. O. S. 143.

Kirmeß . . . immer himmelblaue Heiterkeit und Fanfaren des Leichtsinns." — Charakteristisch für seine Erziehungsmethode ist eine Anekdote, die Heine selbst berichtet. Man hatte dem Vater „einige irreligiöse Spöttereien", die dem Sohne „entschlüpft" waren, hinterbracht und ihn „der Gottesleugnung angeklagt"; darauf hielt der Vater ihm eine Standrede,*) in der er sagte: „Du kannst Philosoph sein, soviel Du willst, aber ich bitte Dich, sage nicht öffentlich, was Du denkst, denn Du würdest mir im Geschäft schaden, wenn meine Kunden erführen, daß ich einen Sohn habe, der nicht an Gott glaubt; besonders die Juden würden keine Velveteens**) mehr bei mir kaufen und sind ehrliche Leute, zahlen prompt und haben auch Recht an der Religion zu halten. Ich bin Dein Vater und also älter als Du und dadurch auch erfahrener; Du darfst mir also aufs Wort glauben, wenn ich mir erlaube, Dir zu sagen, daß der Atheismus eine große Sünde ist."

Es ist sehr begreiflich, daß ein solcher Vater aufrichtig von einem Sohne geliebt wurde, der manchen eigenen Charakterzug wie Frivolität und grenzenlose Genußsucht mit Genugthuung bei jenem wiederfand, schwerer verständlich, aber für Heine charakteristisch ist es, daß er so bedenkliche Dinge vom eigenen Vater, den er nach seinem Geständnis***) „von allen Menschen am meisten auf dieser Erde geliebt", zu erzählen wagte. Offenbar war Heine das Gefühl der Pietät und des Anstandes in dem Maße fremd, daß er sich eines Mangels daran bei jenen Äußerungen nicht bewußt war.

Die Hauptrolle in Heines Entwickelungsgeschichte spielte nach seiner Aussage†) die Mutter. Von ihr giebt der Dichter folgende Schilderung:††) „Ihr Glauben war ein strenger Deismus, der ihrer vorwaltenden Vernunftrichtung ganz angemessen. Sie war eine Schülerin Rousseaus, hatte dessen „Emile" gelesen,

---

*) a. a. O. S. 196 f.

**) Englischer Baumwollensamt.

***) a. a. O. S. 148.

†) a. a. O. S. 93.

††) a. a. O. S. 99 f.

säugte selbst ihre Kinder und Erziehungswesen war ihr Steckenpferd. Sie selbst hatte eine gelehrte Erziehung genossen und war die Studiengefährtin eines Bruders gewesen, der ein ausgezeichneter Arzt ward, aber früh starb" . . . „Ihre Vernunft und ihre Empfindung war die Gesundheit selbst, und nicht von ihr erbte ich den Sinn für das Phantastische und die Romantik. Sie hatte die größte Angst, daß ich ein Dichter werden möchte; das wäre das Schlimmste, sagte sie immer, was mir passieren könne;"*) vielmehr wollte sie ihren Sohn Harry für einen hohen praktischen Beruf vorbereiten. Nachdem Betty Heine eine Reihe hochfliegender Pläne gefaßt und wieder aufgegeben, vergeblich gehofft, ihn dereinst als General im Heere Napoleons (!) oder als reichen Banquier zu sehn, erwählte sie für ihn die juristische Laufbahn und lieferte ihm „nicht bloß das Programm seiner Studieen sondern auch die Mittel dazu."**) Die opferfreudige Mutter „verkaufte ihren Schmuck, Halsband und Ohrringe, um ihm das Auskommen für die ersten Universitätsjahre zu sichern".

Wenn uns etwas mit Heine, dessen Charakter durch so zahlreiche Flecken entstellt wird, einigermaßen zu versöhnen vermag, so ist es die Zärtlichkeit, mit der er für diese treue Mutterliebe sich dankbar zeigte; in zwei warm empfundenen Sonetten spricht er mit hoher Anerkennung von den Geistesgaben der Mutter und rühmt, daß er die in der ganzen Welt vergeblich gesuchte Liebe bei der Heimkehr in ihrem Auge gefunden habe; während seiner freiwilligen Verbannung in Paris giebt er mehrfach in Gedichten seiner Sehnsucht nach der Mutter, die größer als die nach dem Vaterlande sei, einen schlichten und darum überzeugenden poetischen Ausdruck; um ihr unnötigen Kummer zu sparen, verheimlichte er ihr fortgesetzt die Fortschritte seiner furchtbaren Krankheit. Seine Natur ganz zu verleugnen, ist er freilich auch ihr gegenüber nicht imstande, und so finden wir in den unlängst veröffentlichten Familienbriefen Heines***)

*) a. a. O. S. 92.

**) a. a. O. S. 100 f.

***) Heines Familienleben. Von seinem Neffen Ludwig von Embden 1892.

trotz sichtlicher Zurückhaltung anstößiger Stellen durch den Herausgeber, den Neffen des Dichters, in den Briefen an sie Dinge, wie sie ein Sohn seiner Mutter sonst nicht zu schreiben pflegt. Ich denke hier nicht sowohl an die oft wiederkehrenden, etwas befremdlichen Kosenamen, wie „alte Gluck“, alte „Mausel“, „alte Schachtel“, wie vielmehr an die derben Frivolitäten des Briefes vom 19. April 1847, (die eine Wiedergabe unmöglich machen) und etwa noch an die Mitteilung vom 4. Dezember desselben Jahres. Daß Heine auch in seinen zur Veröffentlichung bestimmten Schriften, wenn es sich um eine witzige Pointe handelt, die Mutter nicht eben immer mit sonderlichem Respekte behandelt, zeigt das 20. Kapitel des Wintermärchens, wo er ihren „verfänglichen Fragen“ durch ganz verkehrte Antworten recht ungeniert auszuweichen sucht. Der Schluß des Kapitels lautet:

„Mein liebes Kind! Wie denkst Du jetzt?
Treibst Du noch immer aus Neigung
Die Politik? Zu welcher Partei
Gehörst Du mit Überzeugung?“

„„Die Apfelsinen, lieb Mütterlein,
Sind gut, und mit vielem Vergnügen
Verschlucke ich den süßen Saft,
Und ich lasse die Schalen liegen.““

Freilich mußte Heine eine Beantwortung jener letzten Frage besonders schwer fallen. — —

Mit seinen Geschwistern stand Heine zumeist in bestem Einvernehmen; mit ganz besonderer Zärtlichkeit war er seiner einzigen Schwester Charlotte zugethan, wie die jüngst von deren Sohn veröffentlichten Familienbriefe beweisen; daß er freilich einmal mehrere Monate hindurch „wegen Unappetitlichkeit seines Schwagers“ alle Beziehungen mit ihr abgebrochen, „sie ganz aufgegeben“, verraten jene von Heines Verehrern mit so großem Jubel begrüßten Briefe nicht (wir erfahren es aus den Schreiben an Moser von 24. 2. 1826 und an Varnhagen vom 14. 5. 26), wohl aber giebt sich trotz sichtlicher Vorsicht des Herausgebers gleich im ersten Briefe an die Schwester des

Dichters Selbstgefälligkeit in den Schlußworten kund: „Bist Du auch wert, daß ich Dich so lieb habe?" Seine Frivolität verrät eine cynische Äußerung derbster Art in einem Schreiben an sie und ihren Gatten (15. 9. 1823), und in einem der letzten Briefe (26. 6. 54) bittet er die Schwester, der Mutter eine Unwahrheit zu sagen.*)

Wie leicht reizbar der Dichter auch noch in höherem Alter war, lehren die harten Äußerungen, die er in einem Briefe an seinen Verleger Campe**) über seinen Bruder Gustav fällt. Er spricht „von dem zänkischen Charakter des Bruders, der in Hamburg die meisten Familienmitglieder gegen einander zu verhetzen gesucht habe", „von seiner verdammten Zwistsucht und Emancipation von der Wahrheit". Doch darf man diesen augenblicklichen und sicherlich nicht unmotivierten Zornesausbrüchen, ebenso wie der vorübergehenden Störung seines Verhältnisses zu der sonst so zärtlich geliebten Schwester durchaus keine größere Bedeutung beimessen.

Mehr als die meisten seiner Blutsverwandten, mehr vielleicht als alle, liebte Heine seine Gattin Mathilde (geb. Mirat), obwohl sie, die wenig gebildete Französin, für sein geistiges Leben wie für seine Dichtungen gar kein Verständnis hatte.***) Als natürliche Tochter eines reichen Mannes auf dem Lande unter Bauern aufgewachsen, kam Mathilde sechzehnjährig als Ladenmädchen nach Paris, wo sie durch ihre Schönheit, Anmut und lachende Heiterkeit den flatterhaften Dichter derart zu fesseln wußte, daß er im Jahr 1835 eine Gewissensehe mit ihr einging, die er später (am 31. August 1841), um bei Gelegenheit eines Duells ihre Zukunft sicherzustellen, gesetzlich sanktionieren ließ. Die zärtlichen Gedichte, die ihr Heine widmete, besonders als er in seiner langjährigen Krankheit die Unentbehrlichkeit ihrer treuen und liebevollen Pflege erkannte, beweisen, daß er sie liebte, soweit sein Herz der Liebe fähig war. Das schönste ist wohl die rührende Bitte „an die

*) Ähnlich verfährt er seinem Freunde Detmold gegenüber, vgl. S. 65.

**) 12. 9. 1852.

***) Vgl. Heines Briefe an Lewald vom 3. 5. 1836.

Engel", das vielleicht von allen Heinischen Gedichten am meisten den Stempel wahrer und herzlicher Empfindung trägt. Er sagt dort von der Gattin:

Sie war mir Weib und Kind zugleich,
Und geh' ich in das Schattenreich
Wird Witwe sie und Waise sein!
Ich laſſ' in dieser Welt allein
Das Weib, das trauend meinem Mute
Sorglos und treu an meinem Herzen ruhte.

Ihr Engel in den Himmelshöhn,
Vernehmt mein Schluchzen und mein Flehn!
Beschützt, wenn ich im öden Grab,
Das Weib, das ich geliebet hab'!
Seid Schild und Vögte eurem Ebenbilde,
Beschützt, beschirmt mein armes Kind, Mathilde!

Daß es bei dem leidenschaftlichen Charakter der Französin, seiner „wilden Katze", seines „Hausvesuvs", nicht an sogenannten Scenen fehlte, ist zweifellos, daß aber Heine, wie sein langjähriger Hausfreund (!) Weill behauptet, bei solchen Gelegenheiten seine Gattin bisweilen im Ernst geschlagen und geknöchelt habe, ist, wie Prölß*) darthut, durchaus unglaubhaft. An Spöttereien und poetischen wie prosaischen Klagen hat es der Dichter freilich nicht fehlen lassen, ja es kann wohl keinem Zweifel unterliegen, daß folgendes ursprünglich Celimene**) betitelte Gedicht auf seine Gattin zu beziehen ist:

Glaube nicht, daß ich aus Dummheit
Dulde deine Teufeleien;
Glaub' auch nicht, ich sei ein Herrgott,
Der gewohnt ist zu verzeihen.

---

*) H. Heine, S. 231 f.

) Die bisher nicht erklärte Überschrift Celimene enthält eine Anspielung auf die gleichnamige kokette Geliebte des **Misanthrope bei Moliere; die Wendung:

„Wisse, Weib, das ich Dich liebe,
Um zu büßen meine Sünden,"

findet sich in dem Moliereschen Stücke fast wörtlich (II, 1).

Deine Rücken, deine Tücken
Hab ich freilich still ertragen.
Andre Leut' an meinem Platze
Hätten längst dich totgeschlagen.

Schweres Kreuz! Gleichviel ich schlepp' es!
Wirst mich stets geduldig finden —
Wisse, Weib, daß ich dich liebe,
Um zu büßen meine Sünden.

Ja, du bist mein Fegefeuer,
Doch aus deinen schlimmen Armen
Wird geläutert mich erlösen
Gottes Gnade und Erbarmen.

In einem Briefe an Lewald*) taucht wohl vorübergehend der Gedanke an Trennung auf, ja, Heine sah sich sogar veranlaßt, Mathilde mehrere Monate in eine maison de santé „einzusperren",**) doch wurde das Verhältnis zu seiner Gattin mit der Zeit ein erfreulicheres, und Heines Ehe würde uns im ganzen in einem leidlich günstigen Lichte erscheinen, wenn wir nicht sichere Beweise hätten, daß er Mathilde, und zwar, wie es scheint, oftmals, die eheliche Treue gebrochen. Ein Vergleich zweier Stellen aus Briefen an Ferdinand Lassalle vom 10. und 27. Februar 1846 läßt hierüber allein schon nicht den geringsten Zweifel übrig; (vgl. übrigens oben S. 55). Wenn sonach Karpeles von der Ehe Heines als von einem „Idyll der Liebe" spricht, „wie sie reiner und inniger und heißer nicht denkbar ist",***) so dürfte diese Behauptung des um die Heineforschung sehr verdienten, aber vielfach in nutzloser Mohrenwäsche sich abmühenden Gelehrten nicht eben sonderlich überzeugend wirken.

Weit ungünstiger noch kommt Heine zu stehn, wenn wir sein Verhalten zu seinen entfernteren Verwandten prüfen.

Der „Löwe" der Familie, der Hamburger Millionär Salomo Heine, besaß auch die Großmut eines solchen. Un-

*) 18. 10. 1837.

**) An Lewald 1. und 16. Jan. 1838.

***) Karpeles, H. Heine und seine Zeitgenossen S. 198.

zählige Male hat er den Dichter, seinen Neffen, mit erheblichen Unterstützungen bedacht; er gewährte ihm die Mittel zum Studium (wenn auch Heines Mutter, wie erwähnt, nach Kräften beisteuerte), er schenkte ihm Geld zu Erholungsreisen und zahlte ihm später eine feste jährliche Pension von 4000, seit seiner Verheiratung von 4800 Francs.*)

In jungen Jahren wußte der Dichter durch geniale Keckheit und überlegenen Humor dem Onkel gegenüber trotz seiner Abhängigkeit eine gewisse Würde zu behaupten; thut er doch manchmal so, als lasse er dem Millionär eine hohe Auszeichnung angedeihen, wenn er ihm gestatte, die Schulden eines Dichters zu bezahlen; später jedoch ließ er sich durch die Verlegenheiten, in die er als genußsüchtiger Lebemann und schlechter Geldwirt geriet, zu den unwürdigsten Schritten tiefer Selbsterniedrigung verleiten. Er versucht mit Hilfe von Mittelspersonen den Oheim

*) Wenn Maximilian Heine den Dichter in einem Briefe an ihn, den Bruder, sagen läßt (12. 4. 1843): der Onkel gebe ihm jährlich achttausend Francs, ungefähr die Hälfte von dem, was er brauche, so scheint hier kein Versehen (die Angabe wird in Buchstaben, nicht in Zahlen gemacht) sondern eine Fälschung der Zahl vorzuliegen, hervorgerufen durch das überall in dem Buche hervortretende renommistische Bestreben, die Familie möglichst vornehm und großartig erscheinen zu lassen. In den Briefen an Campe vom 13. Jan. 1845, 4. Febr. 1845 (daselbst zweimal) und an Detmold vom 9. Jan. 1845 beziffert Heine übereinstimmend die Summen, die er bisher erhalten, auf 4800 Francs (vor seiner Verheiratung 4000 Francs). Die Unzuverlässigkeit der „Erinnerungen an H. Heine von seinem Bruder Maxim. H.", hat Engel in der Einleitung zu H.s Memoiren (S. 43) genugsam gegeißelt; noch lächerlicher sind die tedenziösen Entstellungen in den „Erinnerungen an H. H." von seiner Nichte Marie Embden-Heine, der Principessa della Rocca; für die Würdigung dieses Buches wie des Geistes der Verfasserin giebt folgende Stelle allein schon hinreichenden Anhalt (S. 33): „Vom Idealen zum (und?) Sentimentalen verfällt Heine plötzlich ins Materielle und Plastische (sic!), indem er ausruft:

Es ist eine alte Geschichte,
Doch bleibt sie ewig neu;

und mit derselben Leichtigkeit kehrt er ins Edle und Sentimentale zurück:

Und wem sie just passieret,
Dem bricht das Herz entzwei." —

Wie würde Heine selbst seine gefürstete Nichte ob dieses Buches verspottet haben!

zu belügen, um sich eine Geldunterstützung zu erschleichen, indem er seinen Freund Detmold*) anstiftet, in Briefen an seinen in Hamburg bei dem Onkel weilenden Bruder Max Heine allerhand Unfälle, die ihn, den Dichter, betroffen hätten, zu fingieren, damit dieser ihm ein Jahrgeld auswirke. „Sie müssen ihm nämlich die Seele heiß machen, daß er alles aufbietet, mich mit meinem Oheim zu versöhnen und mir bei demselben ein Jahrgeld auszuwirken. Den! wahren! Grund, warum meine Finanzen so schlecht stehen, dürfen Sie freilich nicht merken lassen, aber das Faktum, daß ich in der größten Geldnot bin und die erschütterndsten (!) Folgen daraus zu befürchten stehn, müssen Sie so pragmatisch hinstellen, daß diese Geldnot, nur durch edles Unglück entstanden, eben zu meinem Vorteil spricht. In der That Sie dürfen gestehn, daß ich um alle Früchte meines Fleißes geprellt worden, daß ich alles verkauft habe, um meine Schulden zu bezahlen, daß ich alle fremde Unterstützungshilfe abgelehnt, daß ich mich vergebens an meinen Onkel gewendet (das ist nicht wahr),**) daß Sie vernommen hätten, wie unbarmherzig mein Oheim mir alle Hilfe entzogen (das ist auch nicht wahr)**) — kurz, Sie schreiben ihm einen Brief, womit er bei meinem Oheim, welcher empört sein wird, daß man ihn solcher Lieblosigkeit fälschlich beschuldigt, etwas ausrichten kann.“

Am 23. Dezember 1844 starb Salomo Heine, und es stellte sich heraus, daß er dem Dichter statt der erwarteten Schätze nur 8000 Mark Banco hinterlassen und die bereits seit Jahren gezahlte Pension im Testamente gar nicht erwähnt hatte; sein Sohn und Universalerbe Karl Heine weigerte sich in einem trockenen Briefe, diese weiter zu zahlen und wollte nur 2000 Francs unter der Bedingung gewähren, daß Heine, falls er über den Verstorbenen schreibe, vorher das Manuskript zur Durchsicht einzusenden sich verpflichte. Die Wirkung dieser

---

*) Heine und Detmold von Prof. Hüffer. Deutsche Rundschau B. 42 S. 440.

**) Die Parenthesen sind von Heine.

Schreckensnachricht auf den Dichter war furchtbar. Nach Weill,*) der Augenzeuge gewesen sein will, fiel Heine starr zu Boden, wurde zu Bette getragen und vergoß, wieder zu sich gekommen, heiße Thränen, die einzigen (!), die Weill bei ihm gesehen. — Bald aber beginnt seine verzweifelte Wut sich in einer Thätigkeit zu äußern, die ihm zu geringer Ehre gereicht; jede Erinnerung an die zahllosen früheren Wohlthaten des Oheims ist ausgelöscht, in giftgetränkten Liedern giebt er seinem Haß und seiner Rachsucht Ausdruck, in die Hölle will er dem Toten folgen und ihn vor allen Teufeln zur Rede stellen. Der Schluß des Gedichtes: „Es gab den Dolch in deine Hand“ — das niemand anders als dem verstorbenen Oheim gilt, lautet:

„Ich finde dich, und wolltest du
Im tiefsten Höllenpfuhle dich verstecken.

Hinunter jetzt ins Land der Qual,
Wo Händeringen nur und Zähneklappen; —
Ich reiße dir die Larve ab,
Der angeprahlten Großmut Purpurlappen. —

Jetzt weiß ich, was ich wissen wollt'!
Und gern, mein Mörder, will ich dir verzeihen.
Doch hindern kann ich nicht, daß jetzt
Schmachvoll die Teufel dir ins Antlitz speien.“

Eine ähnliche Form des Verzeihens findet sich übrigens öfter bei Heine, z. B. in dem an die Verwandten gerichteten Sonette: „Sie küßten mich mit ihren falschen Lippen“.

An seinen Verleger Campe schreibt er bald nach dem für ihn so entsetzlichen Ereignis:**) „Dr. Halle (des Oheims Schwiegersohn) weiß, daß jetzt, wo der furchtbare Tyrann tot ist, vor dem ich zitterte, die Familie gar keine Garantie meiner Unterwürfigkeit mehr besitzt, daß Beschränkung in meinen Finanzen mich mehr erbittert als zähmt, daß ich, schonungslos behandelt, auch ohne Schonung handeln kann, daß ich, zum äußersten gebracht, mich ganz ruhig an den Pranger stellen werde,

*) Souvenirs intimes p. 64.

**) 4. 2. 1845.

aber umgeben von meiner ganzen lieben Familie, die auch am Pranger stehn und weit verdrießlichere Gesichter schneiden wird, als ich, der ich an dergleichen schon etwas gewöhnt bin und mich übrigens alsdann in den Purpurmantel meines Ruhmes verhüllen kann. Où peut-on être mieux qu'au sein de sa famille!" — Noch niedriger erscheint uns Heines Gesinnung und Handlungsweise in den an Detmold gerichteten Briefen, die uns überhaupt den Dichter von der ungünstigsten Seite zeigen. Er schreibt:*) „Man wird, wenn ich Ernst mache, schon furchtsam werden und nachgeben. Das Beste muß hier die Presse thun zur Intimidation, und die ersten Kotwürfe auf Karl Heine und namentlich auf Adolf Halle werden schon wirken. Die Leute sind an Dreck nicht gewöhnt, während ich ganze Mistkarren vertragen kann, ja diese, wie auf Blumenbeeten, nur mein Gedeihen zeitigen. Ich überlasse also Ihrer Klugheit, schleunigst eine Menge kleiner Artikel in die Blätter, die nach Hamburg kommen, zu fördern — die öffentliche Meinung ist leicht zu gewinnen für den Dichter gegen Millionäre. — Die Artikel müssen alle aus Hamburg datiert sein. Wenn Sie Freunde in Hamburg hätten, die direkt auf Adolf Halle wirken könnten? Der will Senator werden und hat Furcht vor der Presse."

Am tiefsten gesunken in Selbsterniedrigung und Selbstverachtung erblicken wir den Dichter in folgendem Briefe an Detmold:**) „Durch die Presse muß intimidiert werden, namentlich in Bezug auf Adolf Halle, der Senator werden will. Haben Sie jemand, der in Hamburg bei diesem in Ansehn, so eilen Sie, ihm dringend empfehlen zu lassen, dem Spektakel, wovon erst der Prolog, ein Ende zu machen. Ich bin erbötig zu jeder Ehrenerklärung, ja zur Abbitte, um den beleidigten Stolz zu kirren; ich mache mir nichts aus Papier, aus einem gedruckten Pranger; wer viel Ruhm hat, kann ein bißchen point d'honneur ein-

*) Paris, 9. 1. 1845.

**) Paris, 13. 1. 1845.

büßen. — Aber meine Pension muß ich haben unverkürzt und irrevokabel, nicht an eine Bedingung geknüpft. Handeln Sie nun diesem Bekenntnis gemäß.

Contemnere mundum
„ se ipsum
„ se contemni — lehrten die alten Mönche und ich gelange zu diesem Spruch durch Degout, Lebensdegout, Verachtung der Menschen und der Presse, durch Krankheit, durch Mathilde. — Es ist ein wüster Marasmus, eine Müdigkeit des Fühlens und Denkens, ein Gähnen — die Feder fällt mir aus der Hand."

Heine begnügte sich nicht damit, seine litterarischen Freunde aufzuhetzen, „wo sie nur konnten, gegen seine Familie zu trommeln", er verfertigte selbst anonyme Schmähartikel, die er mit raffinierter Schlauheit auffetzte und unter Verwischung der eigenen Spur durch dritte Personen in vielgelesene Blätter fördern ließ, so daß man die geheimsten Kniffe des Preßbrigantentums bei ihm studieren kann. So schickt er Heinrich Laube*) am 1. Februar 1845 zugleich mit einem Briefe zwei Artikel, die dieser von fremder Hand abschreiben lassen und nach Vernichtung der Urschrift der Brockhausschen Leipziger Zeitung zur Veröffentlichung übergeben soll; die beiden in Paris verfaßten Schriftstücke sind aus Hamburg datiert und gegen den Handelsgerichtspräsidenten Adolf Halle, den oben erwähnten Schwiegersohn des verstorbenen Millionärs, gerichtet; im ersten, dem „Angriffsartikel", wird die Absicht Halles, Senator zu werden, gehässig beleuchtet und seine Qualifikation für jene Stellung aus der „berechnenden Feinheit" gefolgert, „die sich jüngst ganz meisterhaft in Bezug auf seinen Vetter Heinrich Heine bewährt habe", dessen Mißgeschick in Hamburg allgemein bedauert werde. Der kurze Artikel schließt: „Ja, sogar die Gegner bedauern den leichtsinnigen Dichter, der in der Liebe und dem Worte eines todkranken Greises eine hinlängliche Garantie zu haben vermeinte gegen abgefeimte

*) Eugen Wolff, Briefe von Heinrich Heine an Heinrich Laube. Nord und Süd 1893, Bd. 64, S. 39ff.

Advokatenkniffe unterstützt von notariellem Hasse." Weit raffinierter noch ist der zweite Artikel angelegt, der, unter der falschen Flagge einer scheinbaren Verteidigung und plumpen Verherrlichung Halles segelnd, den Verdacht erregen soll, als sei des Verfassers Feder von diesem für Geld erkauft, von dem Manne also, dem er gerade in der maliziösesten Weise zu Leibe geht. „Nr. II ist ein Verteidigungsartikel," heißt es in Heines Begleitschreiben an Laube, „woran nichts zu verändern, ich habe ihn so perfid dumm als möglich geschrieben, und so stilistisch schlecht, wie reiche Leute verteidigt zu werden pflegen. Zögert etwa die Redaktion, diesen Artikel im Journal aufzunehmen, so lassen Sie ihn unverzüglich (ebenfalls in der Leipziger Zeitung von Brockhaus) als Inserat drucken (das ist noch perfider) und das ausgelegte Geld soll Ihnen getreu erstattet werden."

In dem Artikel wird dann die Großmut des verstorbenen Millionärs gerühmt und sein Schwiegersohn, der Handelsgerichtspräsident Halle, in überschwenglicher Weise gepriesen: „sein Scharfblick, seine Sinnigkeit, sein Edelmut und seine Toleranz erinnern an den weisen Nathan von Lessing;" zugleich wird aber der Argwohn erweckt, als habe der so überschwenglich Gelobte, dies „Muster von Sittenreinheit", unsaubere Dinge zu verheimlichen und darum in dumm-pfiffiger Weise den Artikel selbst in die Zeitung lanciert, um die Knebelung des Dichters, der sonst die skandalösesten Familiengeschichten verraten könne, zu entschuldigen. Nebenbei wird die Zusicherung der lebenslänglichen Jahresrente durch den Verstorbenen als unleugbare Thatsache „nicht in Abrede gestellt", während dies gerade der strittige Punkt war. —

Ein Jahr später verfertigt Heine sogar Schmähartikel gegen sich selbst,*) die Ferdinand Lassalle gegen seinen Vetter ausbeuten soll!

Durch derartige Preßmanöver, durch Verwendung angesehener Schriftsteller und besonders durch die falsche Nachricht

*) Brief an Lassalle 27. 2. 1846.

von des Dichters Tode, der sich einst um seinen Vetter bei einer Erkrankung desselben zur Cholerazeit in Paris durch treue Pflege verdient gemacht hatte,*) wurde endlich Karl Heine zur Nachgiebigkeit bestimmt und der häßliche Familienstreit nach mehr als zweijähriger Dauer beigelegt. Am 25. Februar 1847 fand die Versöhnung statt; Heine war zufriedengestellt und fügte seinem Testamentsentwurfe folgenden Passus**) über den vorher so hart beurteilten Vetter bei: „Mit der liebreichsten Bereitwilligkeit übernahm er die Verpflichtung, meiner Frau nach meinem Tode die Hälfte meiner Pension alljährlich auszuzahlen, ja er verriet wieder sein ganzes edles Gemüt, seine ganze Liebe, und als er mir zum Pfande seines feierlichen Versprechens die Hand reichte, drückte ich sie an meine Lippen, so tief war ich erschüttert."

Wenn Heine trotzdem vier Monate später***) in einem Briefe an seinen Verleger Campe erklärt, daß er keineswegs Grund habe, mit Karl Heine zufrieden zu sein und bei der ihm „octroyierten Versöhnung seines Vetters Börse ganz unberührt geblieben sei" (in der That hatte dieser seine Pension damals schon mehr als verdoppelt†)) so ist das eine Unwahrheit, mit der er den Zweck verfolgt, von Campe den verlangten hohen Preis für das im Briefe angebotene Tanzpoem Faust herauszudrücken; ist doch der ganze umfangreiche Briefwechsel des Dichters mit seinem Verleger wegen des beständigen Feilschens um das Honorar eine nahezu unerträgliche Lektüre.

Wenn der Verlauf des Erbschaftsstreites Heines Pietät- und Charakterlosigkeit in ihrer ganzen Blöße enthüllt, so darf man freilich nicht vergessen, daß der Dichter, in seinen lang-

*) Strodtmann meint (II 24), daß Heine hauptsächlich aus diesem Beweggrunde in Paris zurückblieb, doch äußert sich der Dichter in einem Briefe an Varnhagen (Mitte Mai 1832) darüber wie folgt: „Es war nicht eigentlicher Mut, daß ich nicht ebenfalls von Paris floh; ehrlich gesagt, ich war zu faul."

**) Strodtmann, Heines Leben und Werke II 342.

***) 20. 6. 1847.

†) Vgl. Heines endgültiges Testament vom 13. 11. 1851, bei Strodtmann (II 429) zuerst abgedruckt.

jährigen Hoffnungen getäuscht und durch Krankheit verbittert, um die materiellen Grundlagen seiner Existenz kämpfte; daß aber nicht erst die bittere Not des Lebens ihn zu so verächtlichen Mitteln greifen ließ, wo es sich um Erlangung pekuniärer Vorteile handelte, sondern seine Grundsätze in dieser Beziehung jederzeit sehr locker waren, dafür liefern uns vertraute Briefe aus weit früherer Zeit die deutlichsten Belege. So bekennt er schon als 24 jähriger Jüngling seinem Freunde Moser*) sehr naiv: „Es ist fatal, daß bei mir der ganze Mensch durch das Budget regiert wird. Auf meine **Grundsätze** hat Geldmangel oder Überfluß nicht den mindesten Einfluß, aber desto mehr auf meine **Handlungen**.“ Fünf Jahre später schreibt er an Varnhagen:**) „In Deutschland ist man noch nicht so weit, zu begreifen, daß ein Mann, der das Edelste durch Wort und That befördern will, sich oft einige kleine Lumpigkeiten, sei es aus Spaß oder Vorteil, zu schulden kommen lassen darf,***) wenn er nur durch diese Lumpigkeiten (d. h. Handlungen, die im Grunde ignoble sind) der großen Idee seines Lebens nicht schadet, ja daß diese Lumpigkeiten oft sogar **lobenswert** sind, wenn sie uns in den Stand setzen, der großen Idee unseres Lebens desto würdiger zu dienen. Zur Zeit des Machiavell und jetzt noch in Paris hat man diese Wahrheiten am tiefsten begriffen (drei Jahre später ging Heine dorthin). Dieses zur Apologie aller Lumpigkeiten, die ich noch Lust habe in diesem Leben zu begehen. Ich denke, die nächste wird in Gestalt einer Rezension erscheinen. Pst! Pst!“ —

Daß übrigens die Versöhnung Heines mit seinen Verwandten nach dem Erbschaftsstreite nur eine äußerliche war und tiefer Ingrimm gegen die Familie des Oheims im Herzen des Dichters für immer zurückblieb, beweisen eine Anzahl groll- und haßerfüllter Gedichte, die gerade seiner letzten Krankheits-

*) 30. 9. 1823.

**) München 1. 4. 1828.

***) „Die Dichter werden am Ende Lumpen“ — beschließt Heine ein an Herwegh gerichtetes Spottgedicht „Simplicissimus I.“

periode ihre Entstehung verdanken. Dazu gehören „Affrontenburg“, so genannt nach einem Schlosse des Oheims, wo der Dichter gar manchen Affront erfahren, das Gedicht „Nachts erfaßt vom wilden Geiste“, in dem er sich Siegfried vergleicht, weil er gleich ihm durch die Meuchelthat von Blutsverwandten hingemordet sei, und die bereits erwähnten „Es gab den Dolch in deine Hand“ und „Sie küßten mich mit ihren falschen Lippen“. Dies letztere von der zitternden Hand des sterbenden Dichters mit Bleistift aufgezeichnete Sonett giebt wohl am treffendsten seine Gefühle nach Beilegung des Familienstreites wieder:

Sie küßten mich mit ihren falschen Lippen,
Sie haben mir kredenzt den Saft der Reben
Und haben mich dabei mit Gift vergeben —
Das thaten mir die Magen und die Sippen.

Es schmilzt das Fleisch von meinen armen Rippen,
Ich kann mich nicht vom Siechbett mehr erheben,
Arglistig stahlen sie mein junges Leben —
Das thaten mir die Magen und die Sippen.

Ich bin ein Christ — wie es im Kirchenbuche
Bescheinigt steht — deshalb, bevor ich sterbe,
Will ich euch fromm und brüderlich verzeihen.

Es wird mir sauer — ach! mit einem Fluche
Möcht' ich weit lieber euch vermaledeien:
Daß euch der Herr verdamme und verderbe! —

Sicher gehört hierher auch das haßgetränkte Rachelied „Nicht gedacht soll seiner werden“ mit der Kraftstelle:

„Dunkler Hund im dunklen Grabe
Du verfaulst mit meinem Fluche.“

Nach Alfred Kerr ist diese „Blume der Verwünschung“ Heines Vetter Karl Heine zugedacht.

Wir haben Grund zu der Annahme, daß Heine an den Verwandten in seinen Memoiren in ähnlicher oder noch schärferer Weise Rache genommen; so erklärt es sich, daß ein großer Teil derselben heimlich vernichtet wurde. Als nämlich nach des

Dichters Tode sein Bruder Maximilian von dessen Witwe die Erlaubnis erhielt, die nachgelassenen Blätter zu prüfen, warf er hinterrücks und widerrechtlich einen erheblichen Teil davon ins Feuer.*)

Wie Alfred Meißner mitteilt,**) wies bei einem Besuche Heine auf ein Kästchen hin und fuhr neubelebt fort: „Sehen Sie dahin! dort liegen meine Memoiren, darin sammle ich seit Jahren fratzenhafte Porträts, abschreckende Silhouetten. Manche wissen von dem Kästchen und zittern.“ — Hierbei handelt es sich wohl nicht allein um Personen aus Heines Verwandtenkreis (wenn auch um sie in erster Linie), ebensowenig wie bei einer Mitteilung ähnlichen Inhalts von Camilla Selden. So nennt sich bekanntlich jene geheimnisvolle junge Dame, die dem Dichter an seinem Schmerzenslager wie ein Engel des Trostes erschien (seine mouche), der man aber den Vorwurf nicht ersparen kann, daß sie sich zwischen den Dichter und seine Gattin drängte.***) Sie erzählt,†) daß er eines Tages beim Schreiben seiner Memoiren durch ein grausames Lachen gesättigter Rachlust sich unterbrach. Ich sah Heine an. „Ich habe sie,“ rief er. „Tot oder lebendig werden sie mir nicht mehr entgehen. Hüte sich, wer diese Zeilen liest, wenn er es gewagt hat, mich anzugreifen. Heine stirbt nicht wie der erste beste, und die Tigerkrallen werden den Tiger selbst überleben.“ — Damit stimmt überein, was Ludwig von Embden, Heines Neffe, von einem hinterlassenen Memoirenfragment erzählt,††) welches Mathilde nicht aus den Händen geben wollte, „weil ihr geraten, der Familie mit Veröffentlichung desselben zu drohen, falls ihr jemals die Rente entzogen würde.“

So zeigt Heines Verhalten zu seinen Verwandten neben sympathischen Eigenschaften, insbesondere inniger Zärtlichkeit für

---

*) E. Engel, H. Heines Memoiren S. 42.

**) A. Meißner, H. Heine S. 211.

***) Vgl. die Briefe voll leidenschaftlicher Zärtlichkeit, die der sterbende Dichter an sie richtete; dazu Henri Julia Deutsche Revue 1883 IX 3 S. 308.

†) C. Selden, Les derniers jours de Henri Heine p. 66.

††) L. v. Embden, Heines Familienleben S. 294 f.

die nächsten Angehörigen, völlige Pietätlosigkeit, ja den schnödesten Undank gegenüber den entfernteren Anverwandten; der Umstand, daß ihm fast sein ganzes Leben hindurch von dem Oheim die größten Wohlthaten zu teil geworden, ohne daß er den mindesten rechtlichen Anspruch darauf hatte, hält ihn nicht davon zurück, den Verstorbenen in schärfster Weise anzugreifen und mit wilder Rachlust und den verächtlichsten Praktiken die nahverwandte Familie zu bekämpfen, wo er sich materiell geschädigt glaubt. — Am tiefsten sehen wir Heine gesunken, wenn er sich bereit erklärt, wo es sich um Geldgewinn handelt, „ein bißchen point d'honneur einzubüßen", „sich mit seiner ganzen lieben Familie an den Pranger zu stellen", wenn er mit Lumpigkeiten der großen Idee seines Lebens desto würdiger dienen zu können" meint und zu dem denkbar tiefsten Grade sittlicher Erniedrigung gelangt, dem „contemnere se ipsum, contemnere se contemni."

Nicht minder tiefe Einblicke in Heines eigenartigen Charakter wird uns die Prüfung eröffnen, wie er im Verlaufe seines an intimeren Beziehungen so reichen Lebens sich als Freund bewährte. Daß es ihm bei seinen glänzenden Gaben nicht schwer fallen konnte, Bewunderer und Freunde zu gewinnen, ist leicht begreiflich, ebenso aber auch, wie schwer es ihm bei seinem Charakter werden mußte, sie zu erhalten. Er selbst klagt bereits in jungen Jahren in einem Briefe an Moser*) über ihre Untreue: „Freunde, mit denen ich den größten Teil meines Lebens verbracht, wenden sich von mir; Bewunderer werden Verächter; die ich am meisten liebe, hassen mich am meisten, alle suchen zu schaden." — Wir wollen sehen, ob Heine an diesem Mißgeschick schuldlos war.

Einer seiner ältesten Jugendgespielen war Fritz von Wizewsky,**) dessen trauriges, von Heine selbst verschuldetes Ende dieser folgendermaßen erzählt:***)

Auch der kleine Wilhelm liegt dort (auf dem Kirchhofe in

---

*) 27. 9. 1823.

**) Bei Heine Wilhelm Wisetzki.

***) Ideeen. Das Buch Le Grand. Kap. VI.

Düsseldorf) und daran bin ich schuld. Wir waren Schulkameraden im Franziskanerkloster und spielten auf jener Seite desselben, wo zwischen steinernen Mauern die Düssel fließt, und ich sagte: „Wilhelm, hol doch das Kätzchen, das eben hineingefallen“ — und lustig stieg er hinab auf das Brett, das über den Bach lag, riß das Kätzchen aus dem Wasser, fiel aber selbst hinein, und als man ihn herauszog, war er naß und tot. Das Kätzchen hat noch lange gelebt. Die Stadt Düsseldorf ist sehr schön —“

In einem abscheulichen Bänkelsängerliede hat Heine später diesen Vorfall besungen; es ist „Erinnerung“ betitelt und beginnt:

„Dem einen die Perle, dem andern die Truhe,
O Wilhelm Wisetzki, Du starbest so fruhe —
Doch die Katze, die Katz' ist gerettet.*)

Die letzte Zeile bildet den Refrain. Strodtmann nennt das Gedicht „eine pietätsvolle Erinnerungsblume, die Heine auf das Grab des lieblichen Knaben gepflanzt“. Schwerlich wird man diese Ansicht teilen, wenn man vergleicht, wie bei andern Dichtern ein Erlebnis ähnlicher Art in poetischer Behandlung sich darstellt. So beklagt Geibel den plötzlichen Tod eines Jugendfreundes, der freilich weder durch seine Schuld noch vor seinen Augen verunglückt war:

„Auch du, mein Arthur. — O gedenk' ich dein,
Fließt um mein dunkles Herz ein sanfter Schein
Wie Mondesschimmer um Ruinen — —
Wohl war er selig, dieser Jugendtraum,
Ich zählte damals fünfzehn Jahre kaum
Und schwärmt' und träumte wie ein Knabe;
Du warst mein Freund — ich forderte nicht mehr,
Ich habe dich geliebt, wie ich nachher
Nur einmal noch geliebet habe.

---

*) Der Vorfall erinnert an eine andere Katzengeschichte, die Heine mit noch herzloserer Frivolität erzählt: „Ich wollte das Experiment anstellen (ob Katzen immer auf die Füße fallen) und stieg mit unserer (!) Katze aufs Dach und warf sie von dieser Höhe in die Straße hinab. Zufällig aber ritt eben ein Kosak an unserem Hause vorbei, die arme Katze fiel just auf die Spitze seiner Lanze, und er ritt mit dem gespießten Tiere von dannen. (Heines Theaterbriefe an August Lewald, Mai 1837, 4. Brief.)

Und als sie dich gesenkt zur Ruh' hinab,
Da zog der Frühling über deinem Grab
Empor mit leisem lindem Wehen;
Er brachte Sonnenschimmer, Veilchenduft
Und lust'gen Vogelsang und blaue Luft —
Ich aber hab' ihn nicht gesehen. — —

Von Heines zahlreichen Universitätsfreundschaften aus der Bonner Studienzeit haben nur wenige die kurze Zeit des dortigen Zusammenlebens überdauert; Simrock, Neunzig und Beughem, selbst Steinmann und Rousseau spielen in des Dichters fernerem Leben gar keine oder doch keine erhebliche Rolle; das Verhältnis zu Steinmann, den Heine schon von der Schule her kannte, wurde in Bonn sehr intim, löste sich dann jedoch aus unbekannten Gründen; später suchte Steinmann seine Bekanntschaft mit dem Dichter zu litterarischen Spekulationen auszubeuten, wobei er sich für eine nicht genehmigte Veröffentlichung Heinischer Briefe eine Bloßstellung durch den Dichter gefallen lassen mußte. Die nach dessen Tode von Steinmann herausgegebenen „Nachträge zu H. Heines Werken“ sind zum größten Teile als Fälschungen entlarvt worden.

Mit Rousseau, der sich gleichfalls ganz der Schriftstellerei zuwandte, war Heine in jungen Jahren durch innige Freundschaft verbunden; beide feierten sich gegenseitig in Sonetten, recensierten gegenseitig ihre Dichtungen mit begreiflichem Wohlwollen; bald jedoch lockerte verletzte Dichtereitelkeit ihre Beziehungen,*) und durch die immer schärfer hervortretenden Angriffe Heines auf alles Bestehende wurden die einstigen Jugendfreunde innerlich sich immer mehr entfremdet, bis Rousseau in einem Aufsatz über Heines romantische Schule in schroffster Weise ihm und seiner ganzen schriftstellerischen Richtung den Fehdehandschuh hinwarf. Es heißt da: „Unfähig, seiner bösen Zunge einen Zaum anzulegen, vermöchte er eine Bosheit, eine Zote, die ihm gerade in die Feder fährt, nicht zu unterdrücken, und wenn er wüßte, daß er die sündigste und verruchteste Lästerung des

*) Heine an Simrock 30 12. 1825.

Heiligsten beginge . . . Schimpfe auf Dein Vaterland, lästere seine geachteten Männer, verspotte unsere Religion — aber hüte Dich zu erwähnen, daß Du Dir durch dieses Mittel Achtung erwirbst! Das sagt Dir ein alter Freund, der Dich immer wie einen Bruder geliebt, immer für Deine Ehre in die Schranken getreten ist."

Höchstwahrscheinlich ist dieser an scharfen Ausfällen reiche Artikel,*) den Rousseau in der Probenummer des von ihm begründeten Journals „Der Leuchtturm" veröffentlichte, Heine in Paris nicht zu Gesichte gekommen; denn es war nicht seine Art, derartige Angriffe ungestraft zu lassen.

War Heine in der Wahl dieser beiden Freunde nicht eben glücklich und an der Lösung des Verhältnisses zu ihnen schuldlos, so steht die Sache ganz anders bei seiner Freundschaft mit dem bereits oben erwähnten Sethe. — Christian Sethe, der Sohn einer angesehenen Beamtenfamilie, war zwar nicht durch poetische Begabung, wohl aber durch die Gediegenheit seines Charakters ausgezeichnet. Sein „bloßes Wort," schreibt Heine an Steinmann,**) „wird am jüngsten Tage dem Gnadenrichter mehr gelten als die Eide von Hunderttausenden." Welches Vertrauen er Sethe schenkte, bekunden die bereits oben citierten Briefe an ihn, in denen der Dichter sein innerstes Seelenleben und selbst das Geheimnis seiner Liebe dem Freunde enthüllt. Wir finden in ihnen bereits den ganzen Heine mit deutlichen Anzeichen dichterischer Begabung, aber auch mit allen Schwächen und Fehlern seiner Natur im Keime vorgebildet; sie verdienen demnach, daß wir etwas näher auf sie eingehen. — Schon oben war von der wilderregten Phantasie und glühend leidenschaftlichen Sprache des achtzehnjährigen Jünglings die Rede, schon dort bemerkten wir aber auch ein gewisses Kokettieren mit unerhörten Seelenqualen, wobei über den Schmerzen nie der Eindruck, den sie machen, vergessen wird. „Wenn Du einen einzigen Blick in meine innere Seele werfen könntest — da würdest Du mich

---

*) Mitgeteilt von Strodtmann, H. Heine² II 200.

**) 10. 4. 1823.

erst recht liebgewinnen,"*) schreibt der „gewaltig Unglückliche". Aber auch Heines Frivolität und Ungläubigkeit, sein Kokettieren mit edlen Empfindungen, ohne daß ihnen die Thaten entsprechen oder auch nur an Thaten gedacht wird, seine grenzenlose Eitelkeit, seine deutsch-feindliche Gesinnung und endlich seine Launenhaftigkeit und Herzlosigkeit bei der Lösung langjähriger Freundschaft — das alles verraten bereits jene Jugendbriefe in überraschender Deutlichkeit. Die Aushebung einiger Belegstellen mag dies erweisen.

In dem zweiten Briefe (vom 27. 10. 1816) heißt es:

„Dem Teufel meine Seele
Dem Henker sei der Leib,
Doch ich allein erwähle
Für mich das schönste Weib."

Der Brief schließt nach Andeutung eines beabsichtigten Religionswechsels mit den Worten: „„Werdet wie die Kindlein", lange wähnte ich dies zu verstehen, o, ich närrischer Narr! — Kindlein glauben." —

Heines Talent, mit überschwenglich gefühlvollen Worten die edelmütigste Gesinnung anzudeuten bei der völligen Unlust, sie durch Thaten zu bewähren, bekundet folgende Stelle des ersten Briefes (6. 6. 1816): „Hauptsächlich, lieber Christian, muß ich Dich bitten, Dich des armen Levys anzunehmen. Es ist die Stimme der Menschlichkeit, die Du hörst. Ich beschwöre Dich bei allem, was Dir heilig ist, hilf ihm. Er ist in der größten Not. Mein Herz blutet. Ich kann nicht viel sprechen; die Worte brennen mir in den Adern.

Ich wasche meine Hände in Unschuld, Du hast alles auf Deine (!) Seele." — Daß Heine schon in der ältesten Urkunde, die wir von ihm besitzen, von seinem „blutenden Herzen" spricht, eine Wendung, die man als seine Lieblingsphrase in Vers und Prosa bezeichnen muß und von der er sich zeitlebens — nicht ohne Grund — die rührendsten Wirkungen versprach, ist ohne Zweifel ungemein bezeichnend. Mit solchen

*) 27. 10. 1816.

emphatischen Redewendungen ist dann aber auch des Guten genug geschehen, und sichtlich erleichtert schließt nun der junge Menschenfreund: „Ich wasche meine Hände in Unschuld, Du hast alles auf Deine Seele.“ —

Daß Heines unglaubliche Eitelkeit seinem Dichterruhme lange vorausging, ja keineswegs in seinem poetischen Talente ihre einzige Quelle hatte, lassen jene sieben Briefe gleichfalls in überraschender Weise erkennen.

Gleich im ersten wieder (vom 6. 7. 1816) fordert er den Freund auf, fleißig an ihn zu schreiben und fährt fort: „Aber viel beten (bitten) kann ich selbst zu unserm lieben Herrgott nicht. — Mir geht's gut. Bin mein eigener Herr, und steh so ganz für mich allein, und steh so stolz und fest und hoch, und schau die Menschen tief unter mir so klein, so zwergenklein; und hab meine Freude dran. Christian, Du kennst ja den eitlen Prahlhans?“ — Heine war damals achtzehn und ein halbes Jahr alt.*) Sechs Jahre später,**) nachdem er unterdessen seine ersten dichterischen Lorbeeren gepflückt, nennt er sich „den gelehrtesten der jetzt lebenden Menschen“ und versichert gleich darauf in demselben Briefe nochmals: „Ich glaube gewiß und ich gebe Dir mein Wort drauf, ich bin davon überzeugt: daß keiner in Deutschland so viel weiß als Ich (groß geschrieben), nur daß ich nicht prale (!) mit meinem Wissen.“

Dabei machte Heine in diesen Briefen an Sethe, ja auch noch später, grobe grammatische Fehler, was in seiner mangelhaften Schulbildung und dem fehlerhaften Deutsch der Mutter***) seine Erklärung findet.

Daß derartige Rodomontaden keineswegs etwa scherzhaft gemeint sind, geht aus dem ganzen Inhalt der Briefe und dem Zusammenhange hervor.

---

*) Elster hat in Seufferts Vierteljahrsschrift für Litteratur (1891 S. 465 ff.) völlig überzeugend und endgültig, wie ich meine, dargethan, daß Heine am 13. Dezember 1797 geboren ist.

**) 14. 4. 1822.

***) Vgl. die in der „Deutschen Rundschau“ (Juli 1877) veröffentlichten Briefe von Heines Mutter.

Diesem Jugendfreund Sethe, dem Heine damals sein Herz erschlossen, wie keinem andern Menschen auf der Welt, dem „guten edlen Christian", den er „immer von ganzer Seele geliebt",*) schickt der offenbar durch seine Erfolge berauschte Dichter, „ohne daß", wie er erklärt, „ein besonderes Faktum die Ursache ist", folgende Absage**): „Ich erkläre Dir, daß ich vom 15. April an (dem nächsten Tage) Dein Freund nicht mehr sein werde, daß ich mich alsdann aller Pflichten gegen Dich entbinde und daß Du alsdann nur Ansprüche an konvenzioneller (so!) Höflichkeit und Urbanität machen kannst. Sollte es der Fall sein, daß Du, obschon ich es nie ganz glauben konnte, mein Freund wärest, so entbinde ich Dich ebenfalls aller Pflichten derselben für die Folge." Und was veranlaßte Heine zu dieser schnöden, ja geradezu unsinnigen Handlungsweise? Es scheint, als hatte er Sethe im Verdacht, irgend etwas ihm Nachteiliges ausgeplaudert zu haben, obwohl er das Vorliegen eines besondern Faktums leugnet. Der Grund für die Lösung der Freundschaft, den er selbst als solchen bezeichnet, ist ein ganz anderer und für seinen oft verteidigten, öfter bezweifelten Patriotismus höchst charakteristisch. Er schreibt: „Alles, was deutsch ist, ist mir zuwider; und Du bist leider ein Deutscher. Alles Deutsche wirkt auf mich wie ein Brechpulver. Die deutsche Sprache zerreißt mein Ohr. Die eignen Gedichte ekeln mich zuweilen an, wenn ich sehe, daß sie auf Deutsch geschrieben sind. Sogar das Schreiben dieses Billets wird mir sauer, weil die deutschen Schriftzüge schmerzhaft auf meine Nerven wirken." Er fährt dann französisch fort: „Je n'aurais jamais cru que ces bêtes qu'on nomme allemands soient une race si ennuyante et malicieuse en même temps. Aussitôt que ma santé sera retablie, je quitterai l'Allemagne, je passerai en Arabie" ... Eine Seite weiter heißt es in diesem Absagebriefe: „Es thut mir leid, lieber Christian, daß ich Dir erst den 1. Mai die 9 Thaler geben kann und daß ich vielleicht Ursache bin, daß

*) An Sethe 27. 10. 1816.

**) Berlin 14. 4. 1822.

Du in Geldverlegenheit bist;" — der Brief schließt: — „bis morgen Dein Freund Heine.

Acht Monate später nennt er in einem Schreiben an Immermann Sethe allerdings seinen besten Freund, doch ist der nächste Brief an diesen nur mit „H. Heine" unterzeichnet. Ihn persönlich spricht er erst wieder als Freund an, als er in Norderney am grünen Tisch sein Geld verloren hat und nun in der „größten Verlegenheit" ihn um sechs Louisdors angeht. Da schreibt er mit naiver Ehrlichkeit:*) „Wenn Du auch — was ich nicht hoffe — mein bester Freund nicht mehr bist, so bist Du doch unter meinen besten Freunden derjenige, den ich am leichtesten anpumpen kann;" und gleich darauf**) in derselben Sache: „Sei überzeugt, daß ich Dir bei dieser Gelegenheit den größten Beweis meiner Freundschaft gebe, indem ich trotz mancher innern Regungen des Unmuts gegen Dich mich dennoch in der Not mit unbedingtem Vertrauen an Dich wende." —

Kaum minder tief ist der Einblick in Heines Charakter, den uns seine Briefe an Moses Moser gewähren; ihn nennt der Dichter den „liebsten seiner Freunde", seinen „Marquis Posa", und nicht weniger als 44 Briefe des Dichters an ihn sind erhalten. Alle Zeugnisse stimmen überein, daß Moser ein Mann von edelster Gesinnung, ungewöhnlich reichem Wissen und höchster Selbstlosigkeit war. So schildert ihn auch Maximilian Heine,***) des Dichters Bruder, der ihn 1826 persönlich kennen lernte: „Gleich bei der ersten Unterhaltung gewann er sich das Vertrauen des von ihm freundlich empfangenen Fremden, und dieser sagte sich bald, daß er es hier mit einem ungewöhnlichen Menschen zu thun habe, mit einem Verstande, dem die größte Bescheidenheit zur Seite stand, mit einem Herzen, das in voller Aufopferungsfähigkeit für die höchsten Güter der Menschheit schlug, mit einer Seele, welcher Freundschaft und

*) Ende August 1825.

**) 1. Sept. 1825.

***) Erinnerungen an H. Heine, S. 233 f.

Menschliebe noch echte, wahre Begriffe waren . . . Man kann sich denken, wie ein so vielseitig gründlich gebildeter Mann meinem Bruder Heinrich nützlich und bequem sein mußte; abgesehn davon daß die Tasche des Philosophen immer voll und die des Dichters immer leer war . . . Gegen andere mild, höchst versöhnlichen Charakters war er gegen sich selbst streng, moralisch fest . . .

Meine Aufnahme war herzlich, der wärmste Hauch unendlicher Liebe für meinen Bruder quoll mir entgegen." Ähnlich spricht der Dichter selbst von Moser; so schreibt er, als er den Freund einmal gekränkt hatte, in seiner humoristischen Art:*) „Moser, Moses Moser, mein Erzfreund, der philosophische Teil meiner selbst, die korrekte Prachtausgabe eines wirklichen Menschen, l'homme de la liberté et de la vertu . . der Epilog von Nathan dem Weisen . . . der Normalhumanist — wo halte ich? . . . Ich liebe Dich von ganzer Seele und bin kein Schuft." Ein andermal**) nennt er ihn „den liebsten seiner Freunde und der es zu sein verdiene", er bedauert sein „Mißgeschick, immer Gefälligkeiten von ihm verlangen zu müssen, ohne ihm etwas anderes dafür geben zu können als seine brüderlichste Liebe."***)

Die „Gefälligkeiten" bestanden darin, daß der Dichter nicht allein mit zäher Beharrlichkeit die Tasche des Freundes in Anspruch nahm, ohne sich um Rückzahlung sonderliche Gedanken zu machen,†) sondern sich auch von ihm, der „lebendigen Encyklopädie", einige „neue Ideen zu seinen Reisebildern schenken ließ.††) „Ich kann da alles brauchen. Fragmentarische Aussprüche über den Zustand der Wissenschaften in Berlin oder Deutschland oder Europa — wer könnte die leichter hinskizzieren als Du? Und wer könnte sie besser verweben als

*) 9. 1. 1824.

**) 8. 7. 1826.

***) 30. 10. 1824.

†) „Ich muß bei Dir sehr hoch in der Kreide stehn, habe Dich schon mal deshalb gefragt, weiß nicht wie viel; und ehrlich gesagt bin ich auch deshalb ruhig" . . . An Moser, 9 1. 1824.

††) An Moser 14. 10. 1826.

ich? Hegel, Sanskrit, Dr. Gans, Symbolik, Geschichte — welche reiche Themata! . . . Es ist nicht so sehr die Lust, mich mit Deinen Federn zu putzen, sondern mehr der liebevolle Zug, Dich geistig in mein geistigstes Wesen aufzunehmen,*) Dich den gleichgesinntesten meiner Freunde."

Und diesen „liebsten und gleichgesinntesten seiner Freunde", seinen „Erzfreund" hat Heine mit schnödester Herzlosigkeit von sich gestoßen. Als Moser ihm einen Beweis wahrer Freundschaft gab, indem er den eiteln Dichter nach dem schamlosen Angriff auf Platen im Interesse seiner litterarischen und gesellschaftlichen Stellung vor weiterem Mißbrauch seines Talentes warnte,**) kündigte Heine, der, eben in Paris angelangt, von Moser sich offenbar nicht mehr viel versprach, diesem die langjährige Freundschaft mit herzloser Kälte und Schroffheit;***) „Du verstehst mein Leben und Streben nicht, hast es nie verstanden und unsere Freundschaft hat daher nicht aufgehört, sondern vielmehr nie existiert." Der Brief schließt mit der Forderung einer neuen Gefälligkeit und den Worten: „Sei überzeugt von meiner Achtung und Liebe".

Über fünf Jahre nach dieser von einer so seltsamen Gattung von „Liebe" zeugenden Absage wird von keiner Seite ein Lebenszeichen gegeben; da gerät Heine in große Geldnot; mit dem reichen Oheim zerfallen und durch das Verbot seiner Schriften

---

*) Auch sonst zeigt Heine diesen „liebevollen Zug". So schreibt er an Moser am 18. Juni 1823 von einem (verloren gegangenen) Aufsatz über Goethe: „Du wirst in ihm 1/4 Dutzend Deiner eigenen Ideen finden; ich war ehrlich genug, sie nackt hinzustellen u. s. w. An Varnhagen von Ense stellt er folgendes Ansinnen (24. 10. 1826): „Wünschen Sie eine bestimmte Sache ausgesprochen zu sehen oder irgend einen unserer Intimen (!) gegeißelt zu sehn, so sagen Sie es mir, oder was noch besser ist, schreiben Sie selber in meinem Stil die Lappen, die ich in meinem Buche einflicken soll, und Sie können sich auf meine heiligste Diskretion verlassen . . . Wollen Sie in meine „Reisebilder" ganze Stücke, die zeitgemäß, hineingeben, oder wollen Sie mir bloß die Proskriptionsliste schicken, ich stehe ganz zu Ihrem Befehl". Varnhagen ging auf dieses Ansinnen, das Heine am 9. Oktober 1827 erneuerte, nicht ein.

**) Das verrät ein Brief Heines an Varnhagen vom 27. 2. 1830.

***) Paris 27. 6. 1831.

in Deutschland „finanziell ruiniert", erinnert er sich wieder des einstigen, so schmählich behandelten Freundes und hat den Mut, ihn in einem Briefe,*) „dem höchsten Beweise von der Zuversicht seiner Freundschaft", um ein Darlehn von 400 Thalern anzusprechen; mit welchem Erfolge ist unbekannt; die alte innige Freundschaft war und blieb jedenfalls für immer zerstört.

Je ausführlicher Heines Verhältnis zu Moser geschildert wurde, desto kürzer darf die Besprechung der übrigen „Freundschaften" Heines sein; denn soviel dürfte für den Urteilsfähigen durch jene Ausführungen überzeugend erhellen: wer einen so edlen, hochbegabten und treuen Freund wie Moser mit so nacktem Egoismus ausnutzte und dann ohne Grund so schnöde von sich stieß, wer einem Sethe die Freundschaft kündigte, „weil er ein Deutscher war", der war unfähig und unwürdig, „Freunden ein Freund zu sein", und nur selbstsüchtige Erwägungen oder zufälliger Mangel an Grund zu einem Zerwürfnis, nicht Pietät und Liebe konnten gute Beziehungen längere Zeit aufrechterhalten. — —

Zum größten Danke war Heine Varnhagen von Ense und seiner geistreichen Gattin Rahel verpflichtet, in deren kunstsinnigem Hause er mit fast allen litterarischen Berühmtheiten Berlins bekannt wurde und durch deren Umgang er sich in eine höhere und reinere Sphäre erhoben sah. Seine ausschweifende Lebensführung und seine Eitelkeit führten jedoch bald ein bedenkliches Zerwürfnis mit Varnhagen herbei;**) nachdem dies gehoben, brüskierte er dessen Gattin, durch eine abfertigende Antwort auf eine anmaßende Äußerung gereizt, in einen hochfahrenden und geradezu ungezogenen Absagebriefe. Wurde das Verhältnis durch Einlenken Heines äußerlich auch wiederhergestellt, so scheint doch Rahel wie ihr Gatte durch seine mit den Erfolgen wachsende Eitelkeit und die sich immerfort steigernde cynische Frivolität seiner Prosaschriften sich mehr und mehr abgestoßen gefühlt zu haben. Wenigstens klingen die Worte Rahels, die den Dichter nach seinem eigenen Geständnis***) „so tief verstand und kannte

*) Avignon 8. 11. 1836.

**) Genaueres bei Prölß, H. Heine S. 74 ff.

***) Heine an Varnhagen 29. 7. 1826.

wie niemand", herbe genug: „Heine wird sich immer von neuem besudeln; denn auch dem ist's genug, ein Ärgernis zu geben; sollte er auch selbst als kotiger Arlequin oder Henker umherlaufen müssen. Glaube ja nicht, daß ich minütlich auf ihn aufgebracht bin. Auf meine Ehre nicht! ich sehe ihn nur."*)

Daß Rahel Heine wirklich „tief verstand und kannte", beweist ein zwei Tage später über ihn gefälltes Urteil:**) „Das Resumé, was ich heraushabe, ist und bleibt sein großes Talent: welches aber auch in ihm reifen muß, sonst wird's inhaltleer und höhlt zur Manier aus. Aber begründete Kritik hat er nicht; weil ihm in der Tiefe der Ernst und das höchste Interesse fehlt." Und Varnhagen, der doch viele Jahre lang durch günstige Recensionen und seinen ganzen litterarischen Einfluß, selbst wenn der Sturm der allgemeinen Entrüstung über Heines Werke noch so wild tobte, den Dichter in Schutz genommen, gab seiner Gattin mit folgendem Urteil recht:***) „Hier sind nun so viele und reiche Anlagen, aber die Natur hat doch in der Hast einige wesentliche Zuthaten verabsäumt, und nun gehen da die glänzend beleuchteten Mängel herum! Für Heine giebt es nur ein Heil, er muß Wahrheitsboden gewinnen, auf dem innerlich ganz fest gegründet sein, dann mag er sein Talent in der Welt auf die Streife schicken; hat er aber jene Burg nicht im Hinterhalt, so wird er bald gar keine Stätte haben, . . wird endlich als gemeiner Ruhestörer auf Steckbriefe eingefangen und nimmt ein jämmerliches Ende! Warne ihn, wenn er noch hören will."

Rahel starb schon einige Jahre später (1833), ihr Gatte setzte ihr in dem „Buche des Andenkens" ein Denkmal; als er zu diesem Zweck Rahels Briefe von Heine zurückverlangte, machte dieser Ausflüchte; auf eine erneute dringlichere Aufforderung, antwortete er erst 11 Monate später†) mit der Angabe, daß sie (ein Paket von mehr als 20 Briefen) bei einem Brande in

*) An Varnhagen 13. 3. 1829.

**) An dens. 15. 3. 1829.

***) 16. 3. 1829.

†) 31. 3 1838.

Hamburg zu Grunde gegangen seien. Seinem Verleger Campe hatte er jedoch bereits vorher im Widerspruch dazu mitgeteilt,*) daß „vielleicht über 50 Briefe verbrannt" seien, er jedoch „noch einige Briefe" von Rahel, „das Bedeutendste, was je aus ihrer Feder geflossen", besitze und „für seine Lebensbeschreibung davon Gebrauch zu machen denke". So ehrte er das Andenken seiner Gönnerin und bewies dem Manne seine Erkenntlichkeit, der „ihm viel Liebes und Gutes erwiesen, mehr als er ihm je danken könne."**) Das hinderte ihn aber nicht, unausgesetzt Varnhagen um kleine Gefälligkeiten wie um die wichtigsten Dienste anzugehen. Fast jeder Brief an ihn enthält eine Bitte! —

Durch Varnhagen hatte Heine die Bekanntschaft des Holzschneiders und Journalisten Prof. Gubitz gemacht, die bald für ihn von großem Werte wurde. Seine tonangebende Zeitschrift „der Gesellschafter" wurde, wie Heine bekennt, „die Wiege seines Ruhmes", und Gubitz verschaffte ihm mit großer Mühe den ersten Verleger für seine Dichtungen. Auch gelang es seinen energischen Bemühungen, den Zorn des reichen Oheims zu beschwichtigen und durch Auswirkung weiterer Unterstützungen Heines bedrohte Existenz zu sichern.***) Doch bald begegnete der durch seine ersten Erfolge übermütig gewordene Dichter dem um ihn so wohlverdienten Manne mit Anmaßung und Nichtachtung, bis der durch die Censur verzögerte Druck der Harzreise (er wurde übrigens in noch nicht 7 Wochen beendet) zu einem Bruch für immer führte. Am 9. Januar 1826 schreibt Heine an Moser: „Der Lump von Gubitz hat trotz seines schriftlichen Zusagens die Harzreise noch nicht im ‚Gesellschafter' gedruckt; der Lump soll nie mehr eine Zeile von mir erhalten." Dies geschah. — Kein Wunder, daß Gubitz†) in seinen Erlebnissen nicht eben günstig über Heine urteilt.

Ein noch ungünstigeres Licht auf Heines Dankbarkeit wirft

---

*) 3. 5. 1837.

**) Heine an Ludwig Robert 27. 11. 1823.

***) Prölß, H. Heine S. 96 ff.

†) Gubitz, Erlebnisse II S. 260 ff.

sein Verhalten zu seinem einstigen Lehrer und väterlichen Freunde August Wilhelm von Schlegel. Als Student hatte er in Bonn zu den Füßen des damals hochgefeierten Gelehrten und Dichters gesessen, der ihn aufs lebhafteste für die mittelalterliche deutsche Litteratur, aber auch für die Dichtung der Engländer, Spanier, Italiener und Inder zu interessieren wußte. Der feinsinnige Kritiker und formgewandte Dichter hatte durch Vorbild und Lehre auf den werdenden Poeten bei vertrautem Umgange einen unberechenbaren Einfluß geübt; der noch unentwickelte Sinn des begabten Schülers für Schönheit der Form war durch ihn verfeinert und veredelt, und Heine, wie er bekennt, „viel metrische Geheimnisse durch seinen nadelöhrfeinen Lehrer aufgeschlossen“*) worden, durch die er später bedeutende Wirkungen erzielte; ja Schlegel hatte sogar Heines Gedichte vor ihrer Veröffentlichung mehrmals einer kritischen Durchfeilung unterzogen**) und durch Ermunterung und Lob des jungen Dichters Schaffensfreudigkeit mächtig belebt; was Heine ihm damals danken zu müssen glaubte, spricht er in dem Sonettenkranz an A. W. von Schlegel aus; er singt dort:

„Und Dir, mein hoher Meister, soll ich's danken,
Wird einst das schwache Reislein Blüten tragen.“ —

Und wie dankte er dem Meister für die Zeitigung der Blüten seiner Dichtung? — Freilich darf es uns nicht im mindesten wunder nehmen, daß jener Überschwang jugendlicher Begeisterung, in dem er Schlegel „als Romantiker und Plastiker zugleich neben Goethe stellte“,***) in reifern Jahren einer kühlern und richtigern Beurteilung Platz machte; die ganze Pietätlosigkeit eines Heine gehörte aber dazu, um ihm zu danken, wie er es that. Gereizt durch ein Epigramm Schlegels†)

*) Heine an Wilhelm Müller 7. 6. 1826 (u. an Friederike Robert 12. 10. 1825)

**) Vgl. Heines Brief an Brockhaus 7. 11. 1820.

***) In dem kleinen Aufsatze „Die Romantik“. 1820.

†) Es lautet:

„Deinen Ernst kann ich nicht loben,
Schimpf gelingt dem Spötter nur;
Deine Begeisterung ist verschroben,
Deine Tücken sind Natur.“

und seine Vernachlässigung bei einem Besuche des alten Romantikers in Paris, verspottete er in seiner romantischen Schule*) und sonst bei jeder Gelegenheit den um ihn so hochverdienten Lehrer**) in rachsüchtigster Weise. Er nennt ihn „einen alten eitlen Gecken, der sich überall zum Narren halten lasse", behauptet, daß „sein Ruhm eine natürliche Tochter des Skandals" sei, ja er macht seine Ehe zum Gegenstand der schamlosesten Spöttereien, wo es sich um litterarische Würdigung eines immerhin bedeutenden und um ihn so wohlverdienten Mannes handelt. — Schwerlich dürfte ein noch so begeisterter Verehrer Heines dieses Verfahren mit seinen Begriffen von Ehre und litterarischem Anstand für vereinbar zu erklären wagen.

Von musikalischen Notabilitäten hatte Heine zu niemand freundschaftlichere Beziehungen als zu Meyerbeer, dessen Bekanntschaft er schon in Berlin gemacht hatte. Solange der reiche, generöse Komponist sich Heine gefällig erwies, gehörte dieser zu den beredtesten Verkündern seines Ruhmes und seiner Tugenden; überschwenglich preist er seine Freigebigkeit, „deren sich besonders unglückliche Landsleute bis zum Mißbrauch erfreuten"***) und rühmt, daß er „ein Herz in der Brust trage, welches für die heiligsten Interessen der Menschheit erglühe"; er erklärt ihn „wohl für den größten jetzt lebenden Kontrapunktisten, den größten Künstler in der Musik"†) und nennt ihn noch vier Jahre später in den „Musikalischen Berichten" aus Paris††) den „großen, hochgefeierten Meister, welcher der Stolz Deutschlands und die Wonne des Morgenlandes sei". Der gefeierte Tondichter, der den Wert von Heines Feder sehr wohl zu schätzen wußte, zeigte sich für so schwungvolle Lobhymnen erkenntlich; durch seine Vermittelung

*) Romantische Schule 2. Buch. I.

**) Auch andere seiner Lehrer, wie Peter Cornelius, der Heine als Knaben einst mit dem Malstock durchgeprügelt hatte (Riegel, P. Cornelius S. 76), und Ernst Moritz Arndt hat Heine, z. T. in recht derber Weise, verspottet.

***) Über die französ. Bühne. 1837. 9. Brief an A. Lewald.

†) Bericht über die 1. Aufführung der Hugenotten 1. 3. 1836.

††) 12. 6. 1840.

vermochte er Salomon Heine zur Bewilligung einer Pension für den Dichter zu bewegen und stellte diesem zur Zeit des verzweifelten Erbschaftsstreites mit seinem Vetter ein schriftliches Zeugnis aus, daß jene Pension auf Lebenszeit festgesetzt sei; er riet jedoch zu friedlichem Vergleich und erklärte sich sogar bereit, jedes Deficit aus eigenen Mitteln zu decken.*) Obwohl das Verhältnis später sich lockerte, trug Heine nach seiner Art doch kein Bedenken, durch Weill die Kasse des Millionärs für sich in Anspruch zu nehmen. Da wurde Meyerbeers Prophet zum ersten Mal in Paris gegeben, und dieser weigerte sich, wie Weill aus Heines Munde erfahren haben will, Mathilde Freibillets für die erste Aufführung zu verschaffen. Dieser lächerlich geringfügige Vorfall scheint in der That für Heines Angriffe auf seinen langjährigen Freund und Wohlthäter den ersten Anlaß gegeben zu haben. Bei der Aufführung des Propheten in Hamburg am 8. Juni 1849 ließ Heine das freche Bänkelsängerlied „Beeren-Meyer, Meyerbeer“ als „Festgedicht“ im Hamburger „Freischütz“ erscheinen, um einem Erfolge der Oper durch den Fluch der Lächerlichkeit möglichst entgegenzuwirken; es schließt mit dem „Epilog zum Loblied auf den celeberrimo maestro Fiascomo“ (für Giacomo):

Die Neger berichten, der König der Tiere
Der Löwe, wenn er erkrankt ist, kuriere
Sich dadurch, daß er einen Affen zerreißt
Und ihn mit Haut und Haar verspeist.
Ich bin kein Löwe, ich bin kein König
Der Tiere, doch wollt ich erproben ein wenig
Das Neger-Recept — ich schrieb dies Poem,
Und ich befinde mich besser seitdem.

Dasselbe Gedicht hatte er sieben Wochen vorher dem Chefredakteur der Augsburger Allgem. Zeitung Kolb vergeblich zur Veröffentlichung angeboten; in dem Briefe**) an ihn nennt er die neue Oper, die er nie gehört, da er längst an sein Krankenlager gefesselt war, ein „klägliches Opus“, dessen Verspottung

*) Heine an Campe 31. 10. 1845.
**) Paris 17. 4. 1849.

„den Freunden der Wahrheit einen Spaß bereiten“ werde. Trotzdem verlangte Heine einige Jahre später von dem Komponisten einen nicht unerheblichen Dienst; Meyerbeer sollte als Generaldirektor der Königlichen Oper in Berlin ihm eine Tantième für ein Libretto Mephistophela erwirken, das Heine (1849) durch Laube hatte einreichen lassen und das nicht zur Aufführung gelangt war, aber fünf Jahre später in dem Ballet Taglionis „Satanella“ benutzt sein sollte. In den Briefen an Michael Schloß in Köln sucht er teils durch Bitten teils durch Drohungen sein Ziel zu erreichen; auch schreckt er vor der dreisten — Behauptung nicht zurück,*) jenes „Scherzgedicht“ sei „ohne seine Erlaubnis durch Mißbrauch von Zutrauen“ gedruckt worden, während er es, wie wir eben sahen, selbst der Redaktion der Augsburger Allgem. Zeitung zur Veröffentlichung übergeben hatte. Er droht mit einer ganzen Flut von Angriffen und schließt: „Es ist das höchste Bedürfnis für mich, jedenfalls meine Meyerbeeriana der Welt nicht vorzuenthalten und nicht wie ein Hund mit einem Maulkorb zu krepieren . . .“

Wie Freunde Meyerbeers Karpeles versicherten,**) lag es nicht in des Komponisten Macht, dem Dichter die Tantième zu verschaffen, so viel Mühe er sich auch gab, vielleicht darum, weil die Ähnlichkeit der beiden Stücke, wie Laube erklärt,***) eine „verzweifelt entfernte“ war. — Als Meyerbeer im Jahre 1854 nach Paris kam, suchte er, wie Henri Julia†) erzählt, trotz alledem den ehemaligen Freund auf. „Das Wiedersehn war herzlich; Vertrauen und Freundschaft schienen von neuem aufzuleben.“ Doch schon nach wenigen Monaten kam es zu einer weit schlimmern Differenz, einem Bruch für immer. Der Geschäftsführer Meyerbeers hatte von dem Komponisten den Auftrag erhalten, Frau Heine zwei Freibillets zur Oper zu senden und hatte „ohne Wissen und Willen“ des Meisters eine Seitenloge zweiten Ranges gewählt. Entrüstet schickte Heine die Billets

*) 4. 6. 1854.

**) Karpeles, H. Heine u. seine Zeitgenossen S. 133.

***) Heinrich Laube, Erinnerungen an H. Heine. Gartenlaube 1868. S. 9.

†) Henri Julia, H. Heine. Deutsche Revue 1885 X 4 S. 47.

zurück, kündigte dem Komponisten in einem überaus beleidigenden Briefe die Freundschaft und drohte „ihm eine Lobrede zu halten“. — Diese letzten „Meyerbeeriana“ sind nicht veröffentlicht, vielmehr ließ der Komponist diese Denkmäler von Heines Freundschaft dessen Witwe abkaufen, um sie zu unterdrücken. — — Nach Dr. Bambergs Angabe,*) der sich „Heines Rat“, zu jener Zeit nennt, hatte dessen Grimm gegen Meyerbeer darin seinen Hauptgrund, daß dieser dem Dichter die Musik zu Volksliedern versprochen, doch nicht geliefert habe. Der 2. musikalische Bericht aus Paris vom Jahre 1844 enthält eine deutliche Anspielung auf dieses Faktum, beweist jedoch auch, daß dies nicht der ausschlaggebende Grund für Heines Groll war, da Meyerbeer in dem Aufsatze noch recht gut fortkommt. Die eigentlichen Angriffe datieren aus viel späterer Zeit und beweisen, von welchen rein persönlichen Motiven sich Heine in seinen musikalischen Urteilen leiten läßt, wie er auf die Gefahr hin für bestochen gehalten zu werden heute in den Himmel erhebt, was er morgen als „Tonkunstkolik und Hämorrhoidalmusik“**) verspottet und mit dem Grunzen eines Schweines beim Schlachten vergleicht.***)

Soll ich noch erwähnen, wie der geniale Franz Liszt, erst nach Gebühr gefeiert, dann, nachdem die freundschaftlichen Beziehungen beider Männer erkaltet, „mit einer gewissen Kühle, einem ironischen Freundschaftslächeln, einer vornehm-herablassenden Art der Besprechung“,†) in den musikalischen Berichten gestraft und schließlich aufs derbste verhöhnt wurde!††) wie der wackere Jakob Venedey in einem der witzigsten Spottgedichte Heines „Kobes I.“ (plattkölnisch = Jakob) von dem ehemaligen

---

*) Brief an Hebbel 31. 1. 1848; vgl. Karpeles in der Frankfurter Zeitung, Wochenbl. 1891. Nr. 16.

**) „Zur Teleologie“.

***) H. an A. Dumas 8. 2. 1855, am 14. 2. in dessen „Mousquetaire“ abgedruckt.

†) Karpeles, „Franz Liszt und H. Heine“, in dem Buche „Heine und seine Zeitgenossen“ S. 122.

††) Vgl. die Gedichte: „Im Oktober 1849“ und „Jung-Katerverein für Poesie-Musik“, das zunächst gegen Richard Wagner gerichtet ist, mit dem Heine früher gleichfalls freundschaftlich verkehrt hatte.

„Freunde" lächerlich gemacht und beschimpft, und als er in geschmacklosen Versen sich zur Wehr setzte, von dem rachsüchtigen Satiriker in einem offenen Briefe an Alexander Dumas*) vollends totgeschlagen wurde! In jenem Gedichte läßt Heine dem Frankfurter Parlament durch den Mund der weißen Dame den Rat geben:

„Erwählet kein Patrizierkind,
Erwählet einen vom Plebse,
Erwählt nicht den Fuchs und nicht den Leu,
Erwählt den dümmsten der Schöpse!

Erwählt den Sohn Kolonias,
Den dummen Kobes von Köllen!
Der ist in der Dummheit fast ein Genie,
Er wird sein Volk nicht prellen.

Ein Klotz ist immer der beste Monarch,
Das zeigt Äsop in der Fabel;
Er frißt uns arme Frösche nicht,
Wie der Storch mit dem langen Schnabel" u. s. w..

Wohl mancher Name ließe sich noch nennen zum Beweise, wie Heine Freundschaft übte, so der des jungen Franzosen Grenier, den Heine jahrelang unter trügerischem Vorwand zu Übersetzungen seiner Werke ins Französische ausnutzte und dann durch Beleidigungen zu einem Bruch für immer zwang,**) doch soviel dürfte bereits klar sein: die günstigen Urteile von Karpeles, daß Heine „ein treuer Freund gewesen sein lebenlang"***) und von Hüffer, der Heine „bis auf einen Fall von wirklicher Undankbarkeit", „treu, hingebend, aufopferungsfähig"†) nennt,

---

*) 8. 2. 1855; vgl. auch das Sendschreiben an Venedey und das Heinische „Notizenblatt", wo er Bosheiten voll Gift und Galle gegen Venedey zn etwaiger Verwertung sammelte; veröffentlicht von Engel (a. a. O. S. 283 ff.), dem aber keineswegs zuzugeben ist, daß Venedey Heine zuerst gröblich gekränkt hatte!

**) Grenier, Erinnerungen an H. Heine im „Magazin für Litteratur" von Mauthner und Hofer, Nov. und Dez. 1892. Heine fingierte, daß die Übersetzungen für die Fürstin Belgiojoso bestimmt seien, während sie in der That von ihm für die französische Ausgabe seiner Werke benutzt wurden.

***) Karpeles, Heine und seine Zeitgenossen S. 178.

†) Hüffer, a. a. O. S. VI.

entsprechen den Thatsachen in keiner Weise; bei Beleuchtung seines Verhaltens zu der weitaus größten Zahl gerade seiner Intimsten muß vielmehr Heines „Freundestreue“ in einem ganz andern Lichte erscheinen, — als der nackteste Egoismus. Zumeist aus Laune, Zufall oder Eigennutz geschlossen, werden seine Freundschaften, nur so lange sie ihm materielle oder litterarische Vorteile versprechen, unterhalten, jedoch bei dem geringsten Anlaß ohne Spur von Pietät, ja oft mit schnödester Herzlosigkeit gelöst, um nicht selten mit rachsüchtiger Verhöhnung und Beschimpfung des einstigen Freundes und selbst ihm teurer weiblicher Personen zu enden. —

Was will es solchen Thatsachen gegenüber besagen, wenn Heine mit einigen wenigen seiner Freunde, wie Alfred Meißner und Ferdinand Hiller, in gutem Einvernehmen blieb? Hiller hat er verhältnismäßig recht selten gesehn,*) und mit Meißner verband ihn (ebenso wie mit Laube) Gemeinsamkeit der Interessen. Hätte er jedoch die abfälligen Urteile Meißners über Mathilde**) bereits gekannt, so würde er ohne Frage aus einem Gönner und Freunde Meißners erbitterter Gegner geworden sein und nach seiner Weise mit völliger Ignorierung der Vergangenheit Rache genommen haben.***)

Mit Börne führte Heine die Gemeinsamkeit der Bestrebungen fast mit Notwendigkeit zusammen, ja schon ihre äußern Lebensumstände und Schicksale boten mancherlei Berührungspunkte und Ähnlichkeiten. Beide waren Rheinländer†) von Geburt, beide Juden, die aus praktischen Rücksichten sich der Taufe unterzogen, jedoch für die Emancipation des jüdischen Volkes, ja jede Art von Emancipation, schon aus naheliegenden persönlichen Gründen aufs lebhafteste interessiert blieben; in politischer Hinsicht radikal, ja begeisterte Freunde der Revolution, verließen sie ihr Vaterland, um in Paris für die Sache der Freiheit zu kämpfen; und diesen Kampf sogar führten beide in ähn-

*) Karpeles, Heine und seine Zeitgenossen S. 164 ff.

**) In Meißners „Geschichte meines Lebens“ 1884.

***) Dieselbe Ansicht äußert Prölß a. a. O. S. 355.

†) Börne als Frankfurter freilich nur im weitern Sinne des Wortes.

licher Weise, in kurzen, geharnischten Aufsätzen, Zeitungsartikeln und Briefen mit der scharfen Waffe desselben schonungslosen jüdischen Witzes.

Wohl waren ihre Naturen im innersten Grunde sehr verschieden, Börne war nur Politiker, Heine nur Poet, Börne wollte handeln, Heine nur reden; „ich will ja nur sprechen," schreibt er sehr bezeichnend an Varnhagen;*) jenem kam alles auf die Sache an, mit der es ihm völliger Ernst war, diesem allein auf die geistreiche Form; für Börne ist der Witz darum nur ein Mittel zum Zweck, für Heine ist er Selbstzweck. — Immerhin hätte die Liebe für die Sache der Freiheit ein Band der Einigung für beide Schriftsteller bleiben müssen, wäre nicht ihre Eifersucht, Eitelkeit und Selbstliebe größer gewesen; daß aber schließlich die Bannerträger des Radikalismus, die Vorkämpfer „im Befreiungskriege der Menschheit", nach früherer Freundschaft in grimmer Fehde sich zerfleischten, war in der That ein vernichtendes Urteil für die Sache, der beide sich geweiht.

Wohl steht ohne jede Frage Börne als Mensch und Patriot bedeutend höher als Heine, unrecht wäre es jedoch, die ganze Schuld an ihrem Konflikte diesem allein beimessen zu wollen, und auch die größere Schuld wird man nur insofern auf seiner Seite finden, als er den toten Gegner, auf dessen Angriffe er so lange geschwiegen, im Grabe beschimpfte; gerade die zur Abwehr von Heines Insulten von Börnes nächsten Freunden, dem Ehepaar Straus, veröffentlichten Stellen aus dessen Pariser Briefen**) beweisen, in wie kleinlicher, niedriger Weise der frühere Polizeiaktuar in Paris den Dichter belauerte und ausspionierte, wie er jede verfängliche Äußerung des Ahnungslosen buchte, um sie später gegen ihn benutzen zu können. „Der arme Heine," schreibt er an Frau Wohl,***) „wird chemisch von mir zersetzt, und er hat gar keine Ahnung davon, daß ich im geheimen beständig Experimente mit ihm mache."

*) 12. 2. 1828.

**) L. Börnes Urteil über H. Heine. Frankfurt a. M. 1840.

***) 2. 11. 1831.

War nun auch die ganze Art dieses Spionagesystems verächtlich und die Absicht Börnes eine gehässige, so bestätigen doch zahlreiche andere Zeugnisse, daß manche treffende Beobachtung seinen Urteilen zu Grunde liegt; ich citiere deshalb einige, besonders charakteristische Stellen aus jenen Pariser Briefen, deren Beurteilung ich der Kritik des Lesers überlasse.

„Heine gefällt mir nicht — er hat keine Seele . . . Ich und meinesgleichen, wir affektieren oft den Scherz, wenn wir sehr ernst sind; aber Heines Ernst scheint mir immer affektiert. Es ist ihm nichts heilig, an der Wahrheit liebt er nur das Schöne, er hat keinen Glauben . . . Wie ich von mehreren gehört, soll Heine sich gefallen, eine Melancholie zu affektieren, die er gar nicht hat und soll grenzenlos eitel sein (ein oft wiederholter Vorwurf) . . . H. soll gemein liederlich sein.“*) — „Er hat ganz die jüdische Art zu witzeln und opfert einem Witz nicht nur das Recht und die Wahrheit, sondern auch seine eigene Überzeugung auf.“**) — „Er hat eine Art von Liederlichkeit, die mir nie weder in Büchern noch im Leben vorgekommen ist und die ich mir psychologisch gar nicht erklären kann. Gemeine Sinnlichkeit trifft man häufig; aber doch selten wird ein junger Mensch von seinen gemeinen Ausschweifungen als von etwas Schönem öffentlich sprechen. Romantische Liebe ist immer verschämt und verschwiegen. Heine aber läuft den gemeinsten Straßendirnen bei Tag und Nacht nach und spricht in einem fort von dieser häßlichen Gemeinheit.“***) — „Christentum, Religion überhaupt ist ihm nicht bloß ein Greuel, es ist ihm ein Ekel. Und als er unter solchen Gesprächen mich auf der Straße verließ und ich ihm eine Weile nachsah, kam er mir vor wie ein welkes Blatt, das der Wind umhertreibt, bis es endlich, durch den Schmutz der Erde schwer geworden, auf dem Boden liegen bleibt und selbst zu Mist wird.“†) — „Wenn der Heine nur halb ein solcher Schuft ist, als er freiwillig bekennt, dann hat

*) 27. 9. 1831.
**) 8. 10. 1831.
***) 13. 10. 1831.
†) 27. 10. 1831.

er schon fünf Galgen und zehn Orden verdient. Schon zwanzigmal(?) gestand er mir und das ganz ohne Not, dem Argwohn zuvorkommend: er ließe sich gewinnen, bestechen, und als ich ihm bemerkte: er würde aber dann seinen Wert als Schriftsteller verlieren, erwiderte er: keineswegs, denn er würde gegen seine Überzeugung ganz so gut schreiben als mit ihr. Und glauben Sie nicht, daß das Scherz sei"*) ... — „Gewöhnlich ist seine elende Feigheit der Text, über den ich lese. Aber unter der Feigheit versteckt sich noch etwas Schlimmeres, eine niederträchtige Gesinnung."**) — „Das jetzige Treiben der Deutschen, der Association, das kommt ihm alle lächerlich vor, und doch hat er sich unterschrieben! und das bloß aus Feigheit, wie er selbst eingesteht. Er hat Furcht, von den deutschen Patrioten Prügel zu bekommen. Nein, so eine Feigheit ist mir noch gar nicht vorgekommen. Es ist ein Ekel"***) ... — „Da er keinen Glauben und keine Liebe(!) hat und nur um den Beifall schreibt, hängt er ganz von dem launischen Urteile der Menschen ab."†)

Man muß zugeben, daß diese Urteile geradezu von Haß zeugen, doch der Haß hat scharfe Augen, und daß Börne die Schwächen des Heinischen Charakters aufs gründlichste durchschaute, und wenn man einige Übertreibungen in Abzug bringt, recht treffend geschildert hat, wird sowohl durch zahlreiche andere Beweisgründe als auch besonders gerade durch Heines Buch über Börne bestätigt. Daß dem Verfasser „nichts heilig ist", daß er „an der Wahrheit nur das Schöne liebt", und „dem Witz alles opfert, Recht, Wahrheit und eigene Überzeugung", wer könnte das nach der Lektüre auch nur dieser einen Schrift bezweifeln? Wer fände nicht den Vorwurf „grenzenloser Eitelkeit" begründet, wenn er Heine im 5. Buche jener Schrift reden hört von „jenen Monumenten, die er in der Litteratur Europas aufgepflanzt habe zum ewigen Ruhme des deutschen Geistes" und von der „Kleinheit der Zwerge, die davorstehn und

*) 8. 12. 1831.
**) 5. 3. 1832.
***) 5. 3. 1832.
†) 9. 1. 1833.

schwindlig hinaufblinzeln". Und „elende Feigheit" erblickte damals wohl der größte Teil des gebildeten Publikums in dem posthumen Angriff auf den wehrlosen Toten, mit dem Heine trotz Börnes offener Kriegserklärung bei Lebzeiten den Kampf nicht wagte, „eine niederträchtige Gesinnung", aber in den schamlosen Verleumdungen und Beschimpfungen des Rufes einer ehrbaren Frau, von denen Heine selbst (5 Jahre später) offen eingestand,*) daß sie auf ganz irrigen und grundlosen Annahmen beruhten."**)

Börne wohnte in Paris bei dem Kaufmann Salomon Straus, mit dessen Gattin ihn eine schon von Frankfurt her datierende innige Freundschaft verband, die bei der strengen, niemals angezweifelten Sittlichkeit Börnes nirgends Anstoß erregte. Gutzkow, Börnes Biograph, ruft ganz Frankfurt für die Reinheit und Sittlichkeit dieses Verhältnisses zu Zeugen auf.***) Da wagt nun der ehemalige „Freund" †) des Verstorbenen, ein Heine, der selbst damals noch in wilder Ehe mit einer, von den Verwandten erkauften Frau lebte, ohne eine Spur von Beweis zu behaupten: der ganze Haushalt beruhe auf der schmutzigsten Lüge, auf entweihter Ehe und Heuchelei, auf Immoralität.††)" Er selbst freilich macht sich „der schmutzigsten Lüge" und „Heuchelei" schuldig, wenn er versichert: „Das ganze Reinlichkeitsgefühl meiner Seele sträubte sich in mir bei dem Gedanken, mit Börnes nächster Umgebung in die mindeste Berührung zu kommen. Soll ich die Wahrheit gestehn, so sah ich

*) In einem Schreiben an Wertheim vom 22. Dez. 1845, in der Ausgsb. Allg. Ztg. abgedruckt 1846 Nr. 3.

**) Zu spät, nachdem sie ihre Wirkung gethan, unterdrückte Heine die Hauptstelle in der verbesserten Gesamtausgabe seiner Werke; die neueren Ausgaben enthalten sie wieder; man hat sie „das Gemeinste" genannt, „was in der deutschen Litteratur existiert."

***) Gutzkow, Ges. Werke Fkf. 1845 Bd. VI S. 20.

†) Sowohl Strodtmann wie Karpeles nennen Heine so.

††) Ob Heine wirklich für diese und ähnliche Beschimpfungen von Herrn Straus in Paris auf offener Straße geohrfeigt wurde, ist nicht mit Sicherheit festzustellen; doch ist das auch gleichgiltig; „ob er es aber verdient hat", darüber ruft G. Riesser, einer der Hauptführer des gebildeten Judentums, „das Urteil aller Ehrenmänner in Deutschland" zur Entscheidung auf. (Vgl. Heines sämtl. Werke 20. Bd. 1863 S. 313).

in seinem Haushalt eine Immoralität, die mich anwiderte." Dann fügt Heine über sich selbst hinzu: „Nach tiefster Selbstprüfung kann ich mir das Zeugnis geben, daß niemals (!) meine Gedanken und Handlungen in Widerspruch geraten mit der Moral, mit jener Moral, die meiner Seele eingeboren, die vielleicht meine Seele selbst ist (!), die beseelende Seele meines Lebens.*) —

Das skandalöse Buch über Börne entfremdete Heine das gesamte anständige Publikum Deutschlands; auch sein früherer Gesinnungsgenosse und Mitkämpfer Gutzkow, der zweite Führer des jungen Deutschlands, mit dem er bereits früher in Mißhelligkeiten geraten war, sagte sich nunmehr völlig von ihm los. Er spricht ihm wissenschaftliche Bildung und sittliche Selbsterziehung ab, zeiht ihn des kleinlichsten Egoismus und der Lüge und vergleicht jene Schrift einer Fleischspeise mit pikanter, appetitreizender Sauce, bei deren Entfernung man von einem infamen Faulgeruch angedunstet werde. Zwar hat Heine auf die Angriffe Gutzkows öffentlich nicht geantwortet, von welchem maßlosen Hasse er aber gegen ihn erfüllt war, beweisen die (von Bamberg veröffentlichten) Briefe Hebbels sowie Heines Korrespondenz mit Laube.**) Er schlägt diesem einen Feldzugsplan gegen den „Lump Gutzkow" vor, sieht sich dann aber genötigt, „die Fußtritte, die er ihm geben will, zu vertagen", weil er über kein Blatt mehr verfüge.***) Auch später begnügt sich Heine damit, insgeheim in Gesprächen, Briefen und privaten Aufzeichnungen („Gedanken und Einfälle") seinem Ingrimm gegen Gutzkow Luft zu machen, denn es gelang ihm nicht, den gefährlichen Gegner zu überleben. —

Einig mit Gutzkow blieb Heine nur in dem Hasse gegen Wolfgang Menzel, den „Denuncianten".

Es ist bekannt, wie das „junge Deutschland" seit dem September des Jahres 1835 von Menzel in seinem Stuttgarter Litteraturblatt als eine „Schule der frechsten Unsittlichkeit und raffiniertesten Lüge" angegriffen wurde, die einen „Krieg gegen

*) In der Vorrede zu Börnes Leben.

**) Briefe von H. Heine an H. Laube, herausg. von Eugen Wolff. „Nord u. Süd". Jan. 1893.

***) Brief an Laube 6. 10. 1840.

das Christentum, gegen die Moral, gegen die Ehe" führe, als „eine Läster- und Lasterschule, die unter der Maske des französischen Republikanismus eine furchtbare Unzucht einschwärze." Wie der Bundestag, durch derartige Alarmrufe beunruhigt, in der Sitzung vom 10. Dezember 1835 drakonische Maßnahmen zur Unterdrückung der Schriften der „jungen Litteratur" beschloß, an deren Spitze Heinrich Heine genannt wird, weiß gleichfalls jeder, der die Geschichte jener Periode kennt. Daß aber Menzel und Heine zuvor sehr befreundet gewesen waren und in lebhaftem, litterarischem Verkehr gestanden hatten, ist erst von Karpeles wieder hervorgehoben worden.*) —

Bei der Heftigkeit der polternden Angriffe Menzels, der einst, bevor er sich ganz der Reaktion in die Arme geworfen, den Schriften Heines, selbst den bedenklicheren, manches Lob gespendet, war eine derbe Abfertigung durch den gereizten Dichter, erklärlich und völlig gerechtfertigt, bemerkenswert ist nur, wie Heine, der „Heros des Skandals", die Sache wieder ganz auf persönliches Gebiet hinüberspielt, wobei die frühere vertraute Bekanntschaft ihm willkommene Details für den Angriff liefern muß und keine Schmähung gespart wird; so sehen wir, wie er in seiner Schrift „über den Denuncianten", die, um den Leser zu gewinnen, ziemlich de- und wehmütig beginnt, mit hundert skandalösen Persönlichkeiten dem Gegner zu Leibe geht, dann mit Kraftworten, wie „zweideutiger Duckmäuser" und „Schurke" seinem Ingrimm Luft macht und über Menzels „Privatschelmenleben" und seine „litterarischen Gaunerstreiche" — leider nichts zu sagen weiß. Noch wütender tobt sein Zorn unter dem ersten Eindruck der Menzelschen Artikel in den Briefen an Laube vom 27. Sept. und 23. Nov. 1835 in Schmähungen, die sich nicht wiedergeben lassen. Auch Heines beliebte Methode, die Gattin des litterarischen Gegners in den mit solcher Gehässigkeit geführten Streit der Männer hineinzuziehn, um so sich eine wirksamere Genugthuung zu verschaffen, wird wieder mit gleicher Ritterlichkeit wie bei Schlegel und ähnlich wie im Kampfe

*) Karpeles, H. Heine u. s. Zeitgenossen S. 295.

mit Börne in Anwendung gebracht; dies geschieht besonders im „Schwabenspiegel“ und vielleicht auch schon vor Menzels „Denunciation“ in der Vorrede zur Vorrede der „französischen Zustände.“*)

Wer Verwandten und ehemaligen Freunden, wenn er sich gereizt fühlte, so zu begegnen nicht Anstand nahm, wie mußte der Feinde behandeln, die ihn selbst durch Angriffe herausgefordert! Nicht unzutreffend vergleicht Heine selbst sich mehrmals mit einem Tiger, an den in der That seine Grausamkeit und unzähmbare Wildheit erinnern. — In den „Gedanken und Einfällen“, die sich in seinem Nachlasse fanden, verraten einige Stellen trotz des scherzhaften Tons des Dichters Gesinnung in dieser Beziehung, sie zeigen, wieweit es der Getaufte in der Feindesliebe gebracht hatte. Er gesteht: „Ich bin nicht vindikativ — ich möchte gern meine Feinde lieben, aber ich kann sie nicht lieben, ehe ich mich an ihnen gerächt habe — dann erst öffnet sich ihnen mein Herz. Solange man sich nicht gerächt, bleibt immer eine Bitterkeit im Herzen zurück.“ — „Ich habe die friedlichste Gesinnung. Meine Wünsche sind eine bescheidene Hütte, ein Strohdach, aber ein gutes Bett, gutes Essen, Milch und Butter sehr frisch, vor den Fenstern Blumen, vor der Thür einige schöne Bäume, und wenn der liebe Gott mich ganz glücklich machen will, läßt er mich die Freude erleben, daß an diesen Bäumen etwa sechs bis sieben meiner Feinde aufgehenkt werden. Mit gerührtem Herzen werde ich ihnen vor ihrem Tode alle Unbill verzeihen, die sie mir im Leben zugefügt — ja, man muß seinen Feinden verzeihen, aber nicht früher, als bis sie gehenkt worden.“ —

Heines Wut gegen den Grafen Platen, der ihn — durch den

*) Nach Gutzkows Angabe richtet sich gegen Menzels Gattin die Stelle, in der Heine den „Häuptling der abderitischen Partei“ als „Champion seiner Gattin“ bezeichnet, „die ihm den Untergang geschworen“. Es heißt da: „Die Dame hat sehr viel Ähnlichkeit mit der mediceischen Venus, sie ist nämlich ebenfalls sehr alt, hat ebenfalls keine Zähne; ihr Kinn, wenn sie sich rasiert hat, ist ebenso glatt wie das Kinn jener marmornen Göttin; auch geht sie fast ebenso nackt wie diese, und zwar um zu zeigen, daß ihre Haut nicht ganz gelb sei, sondern hie und da auch einige weiße Flecken“ habe u. s. w.

Abdruck einiger spöttischen Epigramme Immermanns in Heines Reisebildern gereizt — in seinem „Romantischen Ödipus“ heftig angegriffen hatte, kannte keine Grenzen; niemals, weder vorher noch nachher, hat die deutsche Litteratur das Schauspiel erlebt, daß ein namhafter Dichter den andern in einer so skandalösen Weise beschimpfte, wie es im zweiten Bande von Heines Reisebildern mit Platen geschieht; jeder Rest von Schamgefühl in Heines Innern ist durch glühende Rachsucht so völlig ertötet, daß er sich nicht scheut, den litterarischen Gegner eines abscheulichen Lasters öffentlich zu bezichtigen. Freilich hatte ihn Platen an seiner empfindlichsten Stelle getroffen, ihn in seiner jüdischen Abkunft verspottet, doch geschah dies in einem wahrhaft aristophanischen Lustspiel, das durch seine poetische Form den freilich takt- und rücksichtslosen Spott seiner niedrigen Gehässigkeit einigermaßen entkleidete. Heine rächte sich in Prosa und in einer öffentliches Ärgernis erregenden, so unflätigen Weise, daß Platen auf die Fortsetzung des Kampfes als anständiger Mensch verzichten mußte.

Zahllos sind die sonstigen litterarischen Fehden Heines, denn niemals hat ein deutscher Dichter mit gleicher Rücksichtslosigkeit gegen seine Sangesbrüder gewütet, keiner jemals dreister die Formen des Anstands und der Sitte verletzt, keiner das Niveau der litterarischen Fehde tiefer herabgedrückt. Wahrhaft komisch muß es da wirken, daß niemand öfter über „Infamien“ und „unerhörte Schnödigkeiten“, die gegen ihn in der Presse verübt würden, Beschwerde führt als der Mann, der diesen Ton skandalöser Persönlichkeiten recht eigentlich in Litteratur und Presse eingeführt.

Selbst Dichter, die ihrer ganzen Richtung nach Heines Bestrebungen nahe standen, blieben nicht verschont; so müßte man z. B. bei ihm, der sich „vielleicht den entschiedensten aller Revolutinonäre“ nennt,*) für den Revolutionsdichter Herwegh Sympathieen erwarten; und in der That begrüßte Heine ihn anfangs höchst sympathisch und schwungvoll:

---

*) Brief an Laube, 7. 11. 1842.

„Herwegh, du eiserne Lerche,
Mit klirrendem Jubel steigst du empor
Zum heiligen Sonnenlichte!“

Als Herwegh aber nach der Audienz bei Friedrich Wilhelm IV. und seinem taktlosen Briefe an den König aus Preußen ausgewiesen wurde, da verspottet Heine ihn bereits recht derbe:

„Ein schimpfender Bedientenschwarm
Und faule Äpfel statt der Kränze,
An jeder Seite ein Gendarm
Erreichtest endlich Du die Grenze.“

Die ganze Schale seines Hohnes gießt Heine aber über ihn aus, als Herwegh bei einem Besuche in Paris (1847) durch sein prätentiöses, gönnerhaftes Auftreten ihn verletzt und vielleicht auch durch seinen Einfluß bei den deutschen Verbannten seinen Ärger erregt hatte. In dem witzigen Pasquill Simplicissimus I. sagt er von dem Dichter, den er einst als himmelanfliegende Lerche des Freiheitsfrühlings gepriesen:

„Er war ein reitender Virtuos
Ein Liszt zu Pferde, ein somnambüler
Marktschreier, Hansnarr, Philistergünstling,
Ein miserabler Heldenspieler.“

Wieder erhält auch Herweghs Gattin ihren reichlichen Anteil bei der Verhöhnung. Der Spott Heines über den Dichter, der den Volkstribunen spielen wollte, war freilich ganz berechtigt, aber niemand in der Welt war weniger berechtigt seiner darum zu spotten als Heine.

Mehr Rücksicht als Herwegh hätte der Romantiker Fouqué verdient, der einst den jugendlichen Dichter durch eine poetische Begrüßung auf dem Parnaß im höchsten Maße entzückt und zu Danke verpflichtet hatte. Damals nannte ihn der junge Dichter*) „den bewährten und gefeierten Meister, dessen Genius einst so viel in ihm geweckt, so gewaltig seine Seele bewegt und mit so großer Ehrfurcht und Liebe ihn erfüllt“, er versichert „den großen, edlen Fouqué“, daß „nichts ihn je abhalten werde, ihn unaussprechlich zu lieben“. Diese unaussprechliche Liebe bethätigte er später, freilich 30 Jahre später, in seinen „Geständnissen“,

*) Brief an Fouqué 10. 6. 1823.

indem er den greisen Dichter als „Don Quixote vom Wirbel bis zur Zehe“ lächerlich machte.

Noch in seiner „romantischen Schule“ (1833), vielleicht der geist- und gehaltvollsten Prosaschrift Heines, die nur durch die häßlichen Ausfälle gegen A. W. v. Schlegel verunziert wird, hatte er mit tiefinnerstem Verständnis und großer Objektivität alle bedeutenderen Erscheinungen der Romantik beurteilt; war er doch selbst ihr Sohn und Jünger oder, wie er sagt, ihr „letzter fabelhafter Dichterkönig“, verdankte er doch sein bestes poetisches Können nach Gehalt und Form der direkten oder indirekten Einwirkung der Meister jener „Schule“. Daß er die spukartigen Nebelgebilde einer plan- und formlos schaffenden Phantasie durch sein heiteres Spottgelächter verscheuchte und krankhafte Auswüchse mit dem scharfen Messer seiner Satire beseitigte, ist unzweifelhaft als eine durchaus heilsame Operation im Interesse der allgemeinen geistigen Gesundheit unserer Litteratur zu rühmen; wenig sympathisch aber berührt es, wenn er in der Vorrede seines vielgelesenen „Buches der Lieder“, dessen schönste Blumen im Garten der Romantik erblüht waren, die Häupter eben jener Schule, der er so viel dankte, aufs rücksichtsloseste verspottet; er nennt dort Schlegel einen „bejahrten Gecken“ und sagt von dem vier Jahre zuvor noch hochgefeierten Tieck aus, „dieser ehemalige romantische Strohmann sei jetzt ein alter räudiger Muntsche geworden.“

Mit dem schwäbischen Dichterkreis geht Heine noch weit schärfer ins Gericht; die Abneigung beruhte hier auf Gegenseitigkeit,*) wenn auch freilich nur von Heines Seite die Grenzen des litterarischen Anstandes überschritten wurden. So verhöhnt er die ganze Schule aufs derbste im „Tannhäuserlied“ 1836;**)

---

*) Die schwäbischen Dichter hatten sich sämtlich von dem „Musenalmanach“, den Chamisso und Schwab leiteten, zurückgezogen, weil der 1. Jahrgang desselben mit Heines Porträt geschmückt werden sollte.

**) In Schwaben besah ich die Dichterschul',
Gar liebe Geschöpfchen und Tröpfchen;
Auf kleinen K . . . stühlchen saßen sie,
Fallhütchen auf den Köpfchen.“

im „Schwabenspiegel“ (1838) nennt er Justinus Kerner einen „großen Narren“, Karl Mayer „eine matte Fliege, die Maikäfer besingt“, Gustav Pfizer, der eine sehr gründliche aber auch sehr abfällige Kritik über „Heines Schriften und Tendenz“ geschrieben, beschuldigt er der Fälschung, weil er „Hostien“ statt „Oblaten“ citiert und droht ihm mit dem Galgen.*) — Sehr viel würdiger ist die köstliche Satire auf die Schwaben im 22. Kapitel des Atta Troll.

„Eine wahre Scheu“ hegt Heine, wie er sagt, „bei Gelegenheit der schwäbischen Schule auch von Uhland zu sprechen“ ; er lobt ihn uneingeschränkt, doch sei der Dichter wie die ganze Schule längst tot. (Uhland überlebte diese Todesanzeige um 24 Jahre.)

Die Sänger der Freiheitskriege konnten schon darum vor Heines Augen keine Gnade finden, weil er den Kaiser Napoleon zu sehr vergötterte, um seinen Gegnern Gerechtigkeit widerfahren zu lassen. „Ein besonderes Glück,“ sagt er im dritten „Briefe aus Berlin“ „daß Anno 1814 die Franzosen kein Deutsch verstanden und nicht lesen konnten jene faden, schalen, flachen, poesielosen Verse, die uns gute Deutsche so sehr enthusiasmierten.“ In dem Gedichte „Der Tambourmajor“ verhöhnt er die Lieder Körners:

„Entsetzliche Verse! Sie klangen ins Ohr
Gar schauderhaft den Tyrannen,
Der Kaiser und der Tambourmajor,
Sie flohen erschrocken von dannen.“

Und doch steckt in Körners einzigem „Aufruf“: „Frisch auf,

---

*) Gustav Schwab machte seinem Unwillen über Heines Angriffe, wie sein Sohn in der Biographie des Vaters (S. 134) mitteilt, in folgendem Epigramme Luft, das er freilich nur einem vertrauten Kreise mitteilte, nicht veröffentlichte:

„Genialem Schweine
Glich er an der Leine,
Aber an der Seine
Ward er leider eine
Reine, ganz gemeine
Sau, der edle Heine.“

mein Volk, die Flammenzeichen rauchen," dem gewaltigsten Kriegsliede, das je ein Volk in Zeiten der höchsten Not zu Kampf und Tod begeisterte, mehr hinreißendes Feuer, mehr Wahrheit, Tiefe und Kraft der Empfindung, als in allen Dichtungen Heines zusammengenommen.

Auch ältere Dichter entgehen Heines Anfeindungen nicht; so nennt er den trefflichen Hans Sachs „den Troubadour der ehrbaren Schusterzunft, dessen Meistergesang nur eine läppische Parodie der früheren Minnelieder und dessen Dramen nur eine tölpelhafte Travestie der alten Mysterien" seien, „einen pedantischen Hanswurst, der die freie Naivität des Mittelalters ängstlich nachäffe".*) Wie ganz anders hat Goethe, den Heine einen „Aristokratenknecht"**) schilt, diesen wackern Volksdichter beurteilt!

„In Froschpfuhl all' das Volk verbannt,
Das seinen Meister je verkannt."

Auffallend widerspruchsvoll sind Heines Äußerungen über Goethe selbst, und wenn er gelegentlich die Behauptung aufstellt, daß „jeder mit dem Urteil über Goethe unbewußt sein eigenes Urteil spricht",***) so findet sie in dem widerspruchsvollen Wesen von Heines Natur ihre Bestätigung, dessen angeborne scharfe Urteilskraft hier, wie so oft, durch momentane Stimmungen und Verstimmungen, durch Rücksicht auf persönliche Berücksichtigung, ja durch Eifersucht und Neid in hohem Maße beeinflußt wird. Schon die Vorliebe seiner Mutter für Goethe, mehr noch die schwärmerische Verehrung Rahels, deren ganze Existenz sich um diesen ihren Lieblingsdichter rankte, vor allem aber Heines eigner außerordentlich feiner Instinkt in poetischen Dingen hatten ihm frühzeitig ein tiefes Verständnis für Goethes Dichtergröße erschlossen; so ist er in seiner Berliner Zeit in und mit dem Varnhagenschen Kreise Goetheschwärmer, Goethe ist ihm „der beste Dichter"†) und seine Werke sind nach Gehalt und

---

*) Deutschland I, Kap. 1 a. E.

**) An Moser 30. 10. 1827.

***) Reisebilder I, Norderney z. A.

†) Vgl. das Gedicht „Erinnerung".

Sprache für ihn eine unerschöpfliche Quelle des Genusses und der Belehrung; aus ihnen (und dem Studium des Volksliedes) schöpft er seine beste Kraft, und es lohnte sich der Mühe zu zeigen, wie viel Heine, besonders nach der formell-stilistischen Seite, Goethe verdankt; insonderheit wäre da der Einfluß des „west-östlichen Divans“ auf Heines Lyrik zu prüfen, den dieser in seiner romantischen Schule*) so entzückt preist.

Da machte der junge Dichter von Göttingen aus in den Herbstferien des Jahres 1824 seine berühmte Harzreise; „auf dem Brocken ergriff ihn das Verlangen, zur Verehrung Goethes nach Weimar zu pilgern“, und durch ein Billet vom 1. Oktober erbat er sich eine Audienz bei dem greisen Dichterfürsten, dem er bereits anderthalb Jahre vorher seine Gedichte und Tragödieen übersandt hatte. Es kann keinem Zweifel unterliegen, daß dieser Besuch für Heines Selbstgefühl und Eitelkeit eine tiefe Demütigung bedeutete. Nachdem er zu seinem Verdruß vermutlich auf eine Frage Goethes nach seiner Wanderung erzählt, „daß die Pflaumen auf dem Wege zwischen Jena und Weimar sehr gut schmeckten“, richtete Goethe plötzlich die Frage an ihn: „Womit beschäftigen Sie sich jetzt?“ Rasch antwortete der junge Dichter: „Mit einem Faust.“ Goethe stutzte ein wenig und fragte in spitzigem Tone: „Haben Sie weiter keine Geschäfte in Weimar, Herr Heine?“ — Heine empfahl sich schnell.**)

Wie unbefriedigt der Dichter von dem Besuche bei Goethe war, geht schon daraus hervor, daß er seinem Freunde Moser gegenüber in einem sehr ausführlichen Briefe (vom 25. Okt. 1824) trotz viermaliger Erwähnung von Weimar gänzlich über jenes wichtigste Erlebnis schweigt. Es heißt da nur: „Ich war in Weimar; es giebt dort sehr gutes Bier . . .,“ und eine Seite weiter: „Ich war in Weimar; es giebt dort auch guten Gänsebraten.“

---

*) I. Buch a. E.

**) Die Angaben Maximilian Heines, dem ich in der Schilderung dieses Besuches folge, sind zwar, wo sich die Absicht einer Verherrlichung des Bruders oder der Familie kundgiebt, mit größter Vorsicht aufzunehmen; da hier jedoch eine solche keineswegs vorliegt, so trage ich kein Bedenken, die Darstellung im großen und ganzen für richtig zu halten.

Erst neun Monate nach dem Besuche*) bricht Heine endlich sein Schweigen und äußert sich grollend: „Daß ich dir von Goethe nicht geschrieben und wie ich ihn in Weimar gesprochen und wie er mir recht viel Freundliches und Herablassendes gesagt, daran hast du nichts verloren. Er ist nur noch das Gebäude, worin einst Herrliches geblüht und nur das war's, was mich an ihm interessierte. Er hat ein wehmütiges Gefühl in mir erregt und er ist mir lieber geworden, seit ich ihn bemitleide(!). Im Grunde aber sind ich und Goethe (!) zwei Naturen, die sich in ihrer Heterogenität abstoßen müssen. Er ist von Hause aus ein leichter Lebemensch(!), dem der Lebensgenuß das Höchste und der das Leben für und in der Idee wohl zuweilen fühlt und ahnt und in Gedichten ausspricht, aber nie tief begriffen und noch weniger gelebt hat. Ich hingegen bin von Hause aus ein Schwärmer, d. h. bis zur Aufopferung begeistert für die Idee und immer gedrängt, in dieselbe mich zu versenken, dagegen habe ich den Lebensgenuß begriffen und Gefallen daran gefunden; — — es ist noch die große Frage, ob der Schwärmer, der selbst sein Leben für die Idee hingiebt (Heine!), nicht in einem Momente mehr und glücklicher lebt, als Herr von Goethe während seines ganzen sechsundsiebzigjährigen egoistisch behaglichen Lebens." —

Um neben der lächerlichen Anmaßung des jungen Autors auch die innere Unwahrheit und Heuchelei in seinen Worten zu erkennen, wollen wir damit vergleichen, was Heine acht Jahre später von demselben Besuche bei Goethe, der hier zum ersten Male in seinem Leben ein wehmütiges Gefühl des Mitleids erregt haben soll, erzählt. In der romantischen Schule (1833) heißt es am Schluß des ersten Buches: „Die Übereinstimmung der Persönlichkeit mit dem Genius . . . fand man ganz bei Goethe. Seine äußere Erscheinung war ebenso bedeutsam wie das Wort, das in seinen Schriften lebte . . . man konnte griechische Kunst

*) An Moser 1. 7. 1825. Es handelt sich also nicht um Äußerungen, welche „die erste Verstimmung ihm eingab", wie Walther Robert-tornow in seiner Monographie: „Goethe in Heines Werken 1883" S. 14 Heines Worte beurteilt.

an ihm studieren, wie an einer Antike . . . seine Augen waren ruhig wie die eines Gottes . . . Die Zeit hat auch sein Haupt zwar mit Schnee bedecken, aber nicht beugen können. Er trug es immer stolz und hoch, und wenn er sprach, wurde er immer größer, und wenn er die Hand ausstreckte, so war es, als ob er mit den Fingern den Sternen am Himmel den Weg vorschreiben könne, den sie wandeln sollten. Um seinen Mund will man einen kalten Zug von Egoismus bemerkt haben, aber auch dieser Zug ist den ewigen Göttern eigen, und gar dem Vater der Götter, dem großen Juppiter, mit welchem ich Goethe schon oben verglichen. Wahrlich als ich ihn in Weimar besuchte und ihm gegenüberstand, blickte ich unwillkürlich zur Seite, ob ich nicht auch neben ihm den Adler sähe mit den Blitzen im Schnabel (!) Ich war nahe daran, ihn griechisch anzureden, da ich aber merkte, daß er deutsch verstand, so erzählte ich ihm auf deutsch, daß die Pflaumen auf dem Wege zwischen Jena und Weimar sehr gut schmeckten. Und Goethe lächelte —"

Trotz des humoristischen Tons giebt offenbar diese Darstellung von dem Eindruck, den Heine in Weimar erhielt, das richtigere Bild, während er in jenem früheren Berichte seiner verletzten Eitelkeit die Wahrheit zum Opfer brachte. —

Heines Groll nach jenem Besuche erreichte seinen Höhepunkt, als ihm abfällige Äußerungen des Mannes über ihn hinterbracht wurden, nach dessen Beifall er von ganzer Seele lechzte. Wieder ist es Moser, dem er sich rückhaltslos mitteilt.*) „Daß ich dem Aristokratenknecht Goethe mißfalle, ist natürlich. Sein Tadel ist ehrend, seit er alles Schwächliche lobt. Er fürchtet die anwachsenden Titanen. Er ist ein schwacher, abgelebter Gott, den es verdrießt, daß er nichts mehr schaffen kann." — Nunmehr ist Heines Bestreben zunächst darauf gerichtet, in vorsichtiger Weise Goethe Abbruch zu thun; selbst wo er ihn zu verteidigen scheint, wie in der Recension über „die deutsche Litteratur von Menzel (1828)", lesen wir aus jedem Worte, trotz des scheinheiligen Entsetzens über die unerhört dreisten Menzelschen

*) 30. 10. 1827.

Angriffe, die geheime Freude, daß endlich jemand es gewagt, den großen Mann öffentlich von seinem Piedestale herunterzureißen. Es ist das schon ganz jener heuchlerische, durch und durch verlogene Stil mancher Prosaschriften, den Heine zur höchsten Virtuosität ausgebildet hat, und der, namentlich wo es sich um Politik und Religion handelt, seine größten Triumphe feiert; unter der Maske eines Verteidigers gegen unbillige Angriffe legt er in die Worte des Angreifers selbst alles Gift, das sein eigenes Herz füllt, heuchelt Entrüstung, wo er innerlich frohlockt, setzt als erwiesen und unanfechtbar voraus, was grundfalsch und unerweisbar ist, und weiß mit raffiniertester Kunst so verklausuliert und bedingt zu reden, sich so viel Hinterthüren und Fuchslöcher offenzuhalten, daß man ihn nun und nimmermehr fangen kann, und wenn man ganze Bände über eine Stelle schriebe.

Schon Varnhagens und seiner Gattin halber hielt Heine zunächst jene Heuchelei in seiner Stellungnahme zu Goethe für geboten. Wie er in jener Recension „über die Härte und Bitterkeit, womit Herr Menzel von Goethe spricht, nicht stark genug sein Erschrecken ausdrücken konnte", so schreibt er über dasselbe Buch an Varnhagen:*) „Die Stellen über Goethe habe ich nicht ohne Schmerzen gelesen." Was es mit den berühmten Heinischen Schmerzen auf sich hat, ist uns nicht mehr unbekannt, er selbst verrät es uns aber aufs neue, wenn er in seiner Schrift „über den Denuncianten" (1837) gesteht: „Herr Menzel setzte damals den Goethe unter ein Verkleinerungsglas, und das machte mir ein kindisches Vergnügen." Rücksichtsloseste Offenheit und raffinierteste Verstellung, wie oft sehen wir sie bei Heine sich ablösen! Wieder siegt jene, wenn er in der „Romantischen Schule",**) wo er Goethe in geistvollster Weise gerecht wird, bekennt: „Schwerer ist es, das besondere Motiv zu erraten, das jeden einzelnen bewogen haben mag, seine antigoetheanischen Überzeugungen öffentlich auszusprechen. Nur von einer Person kenne ich dieses Motiv ganz

*) 28. 11. 1827.

**) I. Buch a. E.

genau, und da ich dieses selber bin, so will ich jetzt ehrlich gestehen: es war der Neid. Zu meinem Lobe muß ich jedoch erwähnen, daß ich in Goethe nie den Dichter angegriffen, sondern nur den Menschen. Ich habe nie seine Werke getadelt." Diese Stelle erschließt uns das Verhältnis Heines zu Goethe völlig, nach der guten wie der bösen Seite. Für Goethes menschliche Größe hatte Heines durch Neid und Eitelkeit getrübtes Auge kein Verständnis, zumal ihm selbst jene sittliche Hoheit mangelte, für seine Dichtergröße ein ungemein zartes und feinsinniges, wenn er auch mehr der formalen Schönheit und künstlerischen Gestaltung als dem tiefen Gehalte seiner Schöpfungen gerecht wurde. —

Wie über die Könige und Großen der Litteratur hält Heine auch über die Könige und Herrscher der Erde ein strenges, aber keineswegs immer gerechtes Gericht. Mit seinem besondern Hasse hat er bekanntlich die preußische Königsfamilie und Ludwig I. von Baiern ausgezeichnet. Was war die Ursache seiner Erbitterung? Da Heine niemals Gelegenheit hatte, mit den fürstlichen Persönlichkeiten in direkte Berührung zu kommen, so liegt die Vermutung nahe, daß er in den Herrschern ihre Regierungssysteme bekämpfte; in der That konnte, wie wir gesehn, das Preußen der 20er und 30er Jahre zur Zeit der Blüte der Reaktion im Schlepptau Metternichs aufgeklärten und patriotischen Männern als ein recht widerwärtiger Staat erscheinen, wozu bei Heine noch die Antipathie des damaligen Rheinländers gegen Preußen in Rechnung zu ziehen ist. Nicht minder mußte an Ludwig von Baiern die seltsame Mischung von Liberalismus und selbstbewußtem Dynastenstolz, von Teutonentum, hellenischer Kunstschwärmerei und römisch-katholischer Bigotterie gar manchen recht unsympathisch berühren. Eine ausgesprochene Gegnerschaft Heines könnte demnach nicht im mindesten befremden, geschweige denn ihm zum Vorwurf gemacht werden. Nun aber sehen wir, daß derartige politische Gegensätze und Antipathieen ihn keineswegs abhalten, aus allen Kräften nach Staatsstellungen in Berlin und München zu streben. — „Ein Schwert sollt ihr mir auf den Sarg legen; denn ich war ein braver Soldat im Befreiungskriege der Menschheit." Während

Heine mit diesen pathetischen Worten das 31. Kapitel seiner italienischen Reise schloß, das auf dem Schlachtfeld von Marengo spielt, war sein ganzes Dichten und Trachten darauf gerichtet, die Stelle des kühnen Volkstribunen einem Staatsamte zum Opfer zu bringen und mit den Gewalthabern, die er öffentlich mit so stolzem Freiheitsmute bekämpfte, insgeheim seinen Separatfrieden zu schließen; eine Professur in München sollte die Friedensbedingung sein. Schon vor seiner Abreise von dort hatte er dem Baron von Cotta drei Bände seiner Werke mit der Bitte übersandt, sie dem Könige in die Hände zu spielen und ihm „anzudeuten, der Verfasser selbst sei viel milder, besser und vielleicht jetzt auch ganz anders (!) als seine früheren Werke."*) Ermutigt wurde Heine in seinen Hoffnungen durch die Bekanntschaft mit dem auch als Dichter bekannten bairischen Minister des Innern Eduard von Schenk, dessen Poeteneitelkeit er, ohne seine selbstbewußte Haltung als größerer Dichter aufzugeben, in übertriebenen Wendungen schmeichelte. „Adieu, Dichter des Belisars!" schließt der erste Brief aus Italien an den Minister. „Ich denke oft an Sie, wenn ich Lorbeerbäume sehe, und je mehr ich an Sie denke, desto mehr muß ich Sie lieben." Vergeblich wartete Heine in Italien monatelang auf das königliche Ernennungsdekret; es kam und kam nicht; vergeblich wendet er sich dringlicher an Schenk,**) dem er den 3. Band seiner Reisebilder zu dedicieren verheißt, mit der Beteuerung: „So wahr mir Gott helfe, ich hoffe, auch der König von Baiern wird es Ihnen einst danken" — des Dichters sehnlichster Wunsch blieb unerfüllt. —

Wenn wir uns erinnern, daß Heine von München aus jene „Apologie aller Lumpigkeiten, die er noch zu begehen Lust habe", versuchte, daß er dort mit den verrufensten Persönlichkeiten, wie mit dem übelberüchtigten Polizeispion Wit, genannt von Dörring, dem Verräter der Demagogen, freundschaftlich verkehrte, ja diesem Subjekte sogar die Spalten seiner „Politischen Annalen" zu Gunsten des nichtsnutzigen Diamantenherzogs

*) Ohne Datum; Karpeles, H.'s gesammelte Werke Bd. 9 S. 37.

**) Florenz 1. 10. 1828.

Karl von Braunschweig zur Verfügung stellte, falls ihm Wit einen braunschweigischen Orden verschaffe,*) so begreifen wir, daß Heine damals der bairischen Regierung keine hinlänglichen Garantieen für eine würdige Amtsführung bot.

Während der Dichter zur Zeit jener Ambition nicht versäumt, der Majestät an geeigneter Stelle seine Huldigung darzubringen (bald nennt er Ludwig den liebenswürdigsten der Könige und seinen Liebling,**) bald spricht er von ihm als dem freien König eines freien Volkes von großartiger Gesinnung***), bekommen seine Äußerungen über Ludwig I., nachdem jene Pläne gescheitert waren und er seinen Aufenthalt in Paris genommen hatte, einen ganz andern Charakter, wenn zunächst auch die feindselige Gesinnung noch verhüllt auftritt (vgl. den Schluß des 3. Briefes über die französische Bühne 1837) oder gehässige Invektiven einem andern, wie Börne, in den Mund gelegt werden.†) Erst in den „Lobgesängen auf König Ludwig" (1844 veröffentlicht) hält Heine, der niemals eine Kränkung vergaß oder vergab, Abrechnung mit dem Könige, der seine Dienste verschmäht; es sind dies pamphletartige Spottgedichte gemeinster Art, die eine Fülle von Majestätsbeleidigungen durch eine Schlußwendung, die an Gotteslästerung streift, zu übertrumpfen suchen. Dies war das Denkmal, das Heine dem „liebenswürdigsten der Könige, seinem Liebling" errichtete.

Während die Aussicht in München festen Fuß zu fassen schon in dem Jahre ihrer Entstehung von Heine als gescheitert betrachtet werden mußte, lassen sich seine Bestrebungen in Berlin angestellt zu werden durch eine Reihe von Jahren verfolgen. Die erste Andeutung dieser Absicht finde ich in einer recht bezeichnenden Stelle eines Briefes an Sethe (vom 1. September 1825). Es heißt da: „Wie pauver klingt dagegen (gegen Erzählungen von Offizieren der Fremdenlegion) Jena, die Katzbach,

*) E. Elster, Heines sämtl. Werke Bd. I S. 52.

**) Die Bäder von Lucca Kap. VIII a. E. (später wurde die ganze Stelle entfernt).

***) In der Recension von M. Beers Struensee.

†) Karpeles, H. Heines ges. Werke Bd. 9 S. 301.

Leipzig, Bellallianz und gar Paris, die letzte Stazion unseres Ruhmes, wohin wir — Gott weiß wie! gelangt sind. Still, still, ich will ja in Berlin lesen. — Bin selbst neugierig, was das sein wird.“ — Am 1. Mai 1827 schreibt er von London aus an Varnhagen: „Ich denke, da unser Ministerium gescheut ist, habe ich jetzt mehr als je die Aussicht angestellt zu werden und werde wohl am Ende zu Ihnen zurückkehren.“

Selbst in München verliert Heine seine Berliner Pläne nicht aus den Augen. Er erklärt Varnhagen,*) daß er „in Baiern ein Preuße geworden sei“ und fragt ihn, „mit welchen Menschen dort er ihm in Verbindung zu treten rate, um eine gute Rückkehr einzuleiten“. Varnhagen mag sich zur Unterstützung dieser Bestrebungen nicht sonderlich angeregt gefühlt haben, da der Dichter sich in demselben Briefe zu den oben erwähnten machiavellistischen Grundsätzen bekennt; so erschien denn Heine zu Anfang des nächsten Jahres selbst in Berlin, ohne jedoch ein Resultat zu erzielen; es kam sogar zu jenem häßlichen Konflikt mit Frau v. Varnhagen, die ihn völlig durchschaute. Trotzdem gab Heine die Hoffnung noch nicht auf, durch Varnhagens Einfluß in die Höhe zu kommen. Zu Anfang des Jahres 1830 (am 3. Januar) fragt er von Hamburg aus an, „ob er nach Berlin kommen solle“ und „ob sich dort etwas für die Zukunft erlangen lasse“. Das Jahr neigte sich jedoch dem Ende zu, ohne daß ein noch so geringes Resultat erreicht wäre. Da scheut sich der „brave Soldat im Befreiungskriege der Menschheit“ nicht, in einem Briefe an Varnhagen aufs unzweideutigste, wenn auch in diplomatischer Form, seine Bereitwilligkeit zu erkennen zu geben, wiederum die so kühn verfochtenen Überzeugungen für ein Staatsamt preiszugeben. Er schreibt am 19. November 1830: „Sie irren, wenn Sie glauben, daß ich des Inhalts meiner Schriften wegen, sobald ich transagieren (!) möchte, nicht die preußische Regierung für mich interessieren könnte. Nächstens mehr darüber; ich bitte Sie, denken Sie darüber nach.“ Auch dieses nicht mißzuverstehende

*) München, 1. 4. 1828.

Anerbieten zum Abfall von den mit so keckem Selbstbewußtsein in die Welt geschleuderten Freiheitsideen blieb erfolglos, und als das Streben „à tout prix eine sichere Stellung zu erwerben" und ein letzter Versuch durch Varnhagens Vermittelung „in Berlin oder — Wien (!!!) etwas zu erlangen",*) gescheitert war, da verließ Heine, bittern Groll gegen Preußen im Herzen,**) sein Vaterland und begab sich nach Paris.

Bei seinem ersten Berliner Aufenthalte hatte die preußische Königsfamilie einen überaus günstigen, imponierenden Eindruck auf den jungen Dichter gemacht, wie begeisterte Schilderungen in den „Briefen aus Berlin" an den Herausgeber des rheinisch-westfälischen Musenalmanachs (1822) bekunden. Die Hauptstellen dieser Briefe benutzte Heine zu der Zeit, da er sich um ein Staatsamt in der preußischen Residenz bewarb, um dort für sich Stimmung zu machen; er fügte dem 2. Teile der Reisebilder, der 1827 erschien, eine Auswahl aus den Berliner Briefen bei,***) die jene panegyrischen Stellen enthielt und sie nunmehr einem größern Publikum bekanntmachte. Es heißt dort:

„Unser König ... ist eine schöne, edle, ehrfurchtgebietende Gestalt, die allen äußern Prunk verschmäht ... Die schönen Königskinder sieht man ebenfalls zu dieser Zeit im Tiergarten ... Ich weide meine Augen an dem Anblick der herrlichen Reitergestalten. Die Prinzen unseres Hauses sind darunter. Welch ein schönes, kräftiges Fürstengeschlecht! An diesem Stamme ist kein mißgestalteter, verwahrloster Ast. In freudiger Lebensfülle, Mut und Hoheit auf den edlen Gesichtern, reiten dort die zwei älteren Königssöhne vorbei. Jene schöne, jugendliche Gestalt mit frommen Gesichtszügen und liebeklaren Augen ist der dritte Sohn des Königs, Prinz Karl. Aber jenes leuchtende, majestätische Frauenbild, das mit einem buntglänzenden Gefolge auf hohem Rosse vorbeifliegt, das ist unsre — Alexandrine." —

Genau in dieselbe Zeit, da diese dithyrambischen Lob-

*) An Varnhagen 4. 1. 1831.

**) An Varnhagen 1. 4. 1831.

***) In den spätern Auflagen der Reisebilder wurden jene Briefe weggelassen; sie waren nutzlos geworden.

hymnen für des Dichters monarchische und gutpreußische Gesinnung öffentliches Zeugnis ablegen sollten, fällt jener Brief an Varnhagen (1. 5. 1827), in dem er „jetzt mehr als je" die Aussicht zu haben erklärt, „in Berlin angestellt zu werden". — Kaum aber hat Heine nach dem völligen Schiffbruch seiner Pläne „den geweihten Boden Frankreichs" betreten, da schlägt er eine ganz andere Tonart an. Gleich in der Vorrede seines ersten größern Werkes, der „Französischen Zustände", geht er mit Preußen aufs schärfste ins Gericht. Zwar läßt er einigen persönlichen Tugenden des Monarchen Gerechtigkeit widerfahren, doch nicht ohne nach seiner Art auf Worte der Anerkennung die heftigsten Ausfälle folgen zu lassen; sehr viel ingrimmiger sind aber die Angriffe auf den Staat, in dessen Dienst zu treten er so lange Zeit sich vergeblich bemüht hatte. Er schreibt: „Ich traute nicht diesem Preußen, diesem langen, frömmelnden Kamaschenheld mit dem weiten Magen und mit dem großen Maule und mit dem Korporalstock, den er erst in Weihwasser (!) taucht, ehe er damit zuschlägt. Mir mißfiel dieses philosophisch-christliche Soldatentum, dieses Gemengsel von Weißbier, Lüge und Sand. Widerwärtig, tief widerwärtig war mir dieses Preußen, dieses steife, heuchlerische, scheinheilige Preußen, dieser Tartüfe unter den Staaten." Die haßerfüllten Ausfälle gegen Preußen und seine Regenten, die nunmehr in allen Heinischen Schriften und Briefen wiederkehren, erfuhren nur eine einzige kurze Unterbrechung, zu der Zeit nämlich, als Heine eine große deutsche Zeitung in Paris gründen wollte und bei diesem sehr gewagten Unternehmen der Konzession zum Einlaß in Preußen dringend bedurfte. Da schreibt er an Varnhagen, der „eine honette Verständigung zwischen ihm und der preußischen Regierung vermitteln soll"*) in einem ganz andern Tone; zum ersten Male spricht er von Verdiensten Preußens und bringt Dinge vor, die man von ihm, dem gebornen Rheinländer und Preußenfeinde, zuletzt erwarten sollte. Er verlangt das Recht, über die heimatlichen Vorgänge sich frei aussprechen zu dürfen und fährt dann

*) An Varnhagen 12. 2. 1838.

fort:*) „Aber die Preuß. Regierung kann sicher sein, daß bei der jetzigen Lage der Dinge, in Betreff der Rheinlande, alle meine Sympathien auf Seiten Preußens sind, daß ich nie die Verdienste Preußens um dieses Bastardland (!) verkenne, das erst durch Preußen für Deutschland wiedergewonnen und zu deutscher Art und Weise erhoben wird — denn Ihnen, dem Landsmann, darf ich es wohl ohne Scheu sagen, daß unsre Landsleute nie Charakter besessen, nie ein Volk waren, sondern nur ein zusammengelaufener Haufen, den jeder Rabulist regieren kann, dessen Frechheit durch Nachgiebigkeit nur gesteigert wird, aber kleinlaut zu Kreuze kriecht, wenn man strenge Maßregeln entgegensetzt — sie sind weder Deutsche noch Franzosen, sie haben nur die Fehler der erstern, Brutalität namentlich, ohne die Tugenden der letztern zu besitzen, am allerwenigsten die französische Menschlichkeit — mit einem Worte, sie sind Belgier." —

In der That, ein schönes Zeugnis für des Dichters Liebe zu seiner engern Heimat! Keiter schlägt vor,**) diese Worte auf ein Düsseldorfer Denkmal Heines zu setzen mit der Widmung: „Seinem größten Lobredner das dankbare Rheinland."

Hatte Heine zur Zeit jenes Zeitungsprojekts, wie er an Lewald schreibt, „mit den Regierungen Frieden gemacht (die Hand, die man nicht abhauen kann, muß man küssen)", und versichert, daß „Preußen, wenn es in der jetzigen Stellung beharre oder gar fortschreite, in ihm einen Alliierten(!) finden werde",***) so verschmäht nach dem Scheitern jenes Unternehmens sein Haß jede Hülle und kennt keine Grenze. Die „Zeitgedichte" (1839—46) geben davon die stärksten Proben; in dem „Wechselbalg" schildert er deutlich genug den preußischen Staat folgendermaßen:

„Ein Kind mit großem Kürbiskopf,
Hellblondem Schnurrbart, greisem Zopf,

*) 13. 2. 1838.
**) a. a. O. S. 96.
***) An A. Lewald, 1. 3. 1838.

Mit spinnig langen, doch starken Ärmchen,
Mit Riesenmagen, doch kurzen Gedärmchen, —
Ein Wechselbalg, den ein Korporal
Anstatt des Säuglings, den er stahl,
Heimlich gelegt in unsre Wiege, —
Die Mißgeburt, die mit der Lüge,
Mit seinem geliebten Windspiel vielleicht,
Der alte Sodomiter gezeugt, —
Nicht brauch' ich das Ungetüm zu nennen, —
Ihr sollt es ersäufen oder verbrennen!"

Denselben wütenden Haß gegen Preußen atmet das 3. Kapitel von „Deutschland, ein Wintermärchen" (1844), ja, Keiter*) nennt das ganze Werk „ein Pamphlet gegen den preußischen Staat, der es verabsäumt hatte, sich den Dichter zu verbinden"; freilich ist es, wie schon der Titel andeutet, gegen Deutschland überhaupt gerichtet, doch treffen allerdings die schärfsten Spitzen in erster Linie Preußen. Bis zu seinem Tode blieb Heine, wie die in seinen letzten Lebensjahren geschriebenen „Geständnisse" beweisen, mit der ihm eigenen Zähigkeit diesem Hasse getreu.

Läßt sich des Dichters Antipathie gegen den preußischen Staat wenigstens zum Teil auf dessen traurige innere und äußere Lage unter Herrschaft der Reaktion zurückführen und in ihren Gründen begreifen, wenn auch nicht in ihren Äußerungen rechtfertigen, so sind die unflätigen Pasquille auf die preußische Regentenfamilie rein als ein Ausfluß boshafter Schmähsucht anzusehn, da Heine vorher, wie wir gesehn, unter dem Eindruck persönlicher Wahrnehmungen ihr begeisterter Lobredner gewesen war. Nicht weniger als 67 Spottgedichte hat er gegen Friedrich Wilhelm IV. gerichtet; sie sind verschollen, doch geben uns ein paar andre Gedichte, die meines Erachtens unzweifelhaft demselben Herrscher gelten, Proben von ihrem Charakter, ich meine die giftgetränkten „Zeitgedichte" „Der Kaiser von China" und „Der neue Alexander".

Den Gipfel gehässiger Frechheit bezeichnet jedoch die skandalöse „Schloßlegende", die so unflätig ist, daß sie Karpeles

*) a. a. O. S. 108.

in seine kritische Gesamtausgabe nicht aufgenommen hat; ein Vergleich mit der frühern, auf persönlicher Kenntnis beruhenden Schilderung der Königsfamilie drückt dem Gedichte (oder richtiger seinem Verfasser) den Stempel bewußter, rach- und schmähsüchtiger Verlogenheit auf.

Heines Haß gegen alles, was preußisch heißt, fand ein weiteres, nicht unerhebliches Motiv in seiner schon erwähnten schwärmerischen Begeisterung für Napoleon; hatte doch nach seiner Auffassung „der preußische Esel dem sterbenden Löwen" die letzten Fußtritte gegeben.*)

Um den geradezu abgöttischen Napoleonkultus zu verstehn, der in Heines Schriftstellerei eine so große Rolle spielt, dürfen wir freilich die Zeitlage und des Dichters persönliche Verhältnisse nicht außer acht lassen.

Schon von seinem Vater hatte Heine als Knabe eine lebhafte Bewunderung für Napoleon eingesogen, der wie ein flammendes Meteor am Himmel Europas emporgestiegen die Welt mit dem Glanze seines Kriegsruhms füllte und zugleich allen Unterdrückten das Licht einer neuen Freiheit zu bringen schien. Als Dichter bewunderte Heine um so mehr des Kaisers Größe, da zu jener Zeit die großen Männer auf den Thronen Europas ausgestorben schienen, als Jude erblickte er in ihm den siegreichen Vertreter des demokratischen Prinzipes der Gleichheit, das dem jüdischen Volke auf politische Gleichstellung Aussicht eröffnete. Daß Napoleons reformatorische Bestrebungen (die Einberufung der beiden „Sanhedrins" und das große Judendekret vom 17. März 1808) von keinem dauernden Erfolge begleitet waren, weil er die Hauptsache, eine Neugestaltung des jüdischen Unterrichts verabsäumt hatte,**) ist für Heine ohne Bedeutung; er legt alle Mißerfolge des Kaisers dessen Widersachern zur Last und übersieht, daß Napoleon nicht in letzter Linie durch die eigennützige Rücksicht auf die Gewinnung

---

*) Vorrede zu den „Französischen Zuständen", am 18. Oktober (!) 1832.

**) Vgl. Barre, Napoleon I. und die Juden. Preußische Jahrbücher Bd. 67 1891 S. 125 ff.

eines unbeschränkten Kredits für seine Kriege zu seiner Judenpolitik veranlaßt wurde, wie er so oft die Verheißung bürgerlicher Freiheit zum Köder brauchte, um die Völker ihrer nationalen Selbständigkeit zu berauben und einem weit schlimmern Despotismus zu unterwerfen. Der tausend Wunden, die Bonaparte Deutschland schlug, des Meeres von Blut und Thränen, mit dem er es bedeckte, der unsagbaren Leiden des eigenen Vaterlandes gedenkt der empfindsame Dichter mit dem „blutenden Herzen" nie mit einem einzigen Worte.

Wohl dürfen wir nicht vergessen, daß bis zur Schlacht bei Leipzig die große Masse der westdeutschen Bevölkerung auf Napoleons Seite stand; Heines Schriftstellerei beginnt jedoch lange nach der großen Völkerschlacht, deren Name ihm „pauver klingt" und weder jener gewaltige Umschwung des Schicksalsrades, noch die nie gesehene patriotische Begeisterung des Jahres 1813, die auch im Großherzogtum Berg einen mächtigen Wiederhall fand und zur Vertreibung der französischen Beamten durch das Volk führte, machte den geringsten Eindruck auf das sonst so eindrucksfähige Gemüt des Knaben. Wohl hatte seine engere Heimat in den Jahren 1806—13 unter französischer Herrschaft gestanden, doch Sachsen gehörte auch zum Rheinbunde, und doch verzichtete Theodor Körner, den Heine so schnöde beurteilt, auf ein von Dichterruhm und Liebesglück sonnig erhelltes Leben, um sein Heldenblut für die heilige Sache seines deutschen Vaterlandes zu verströmen. Heine dagegen hat für den „heiligen Krieg" des Volkes, in dessen Sprache er dichtete, nur Schimpf und Spott; er verhöhnt nicht nur die Thaten seiner Helden, sondern sogar die Schmach seiner Frauen.*)

Bis zu welchem Grade hingegen Heines Begeisterung für Deutschlands gefährlichsten Gegner sich versteigt, mögen ein paar Stellen aus dem Buche „Le Grand"**) zeigen. Es heißt dort:

„Denke ich an den großen Kaiser, so wird es in meinem Gedächtnis wieder recht sommergrün und goldig — — Aber wie

---

*) In dem Gedichte „Der Tambourmajor" und öfter.

**) Ideen. Das Buch le Grand. Kap. VII—IX.

ward mir erst, als ich ihn selber sah, mit hochbegnadigten, eigenen Augen, ihn selber, Hosiannah! den Kaiser. — Der Kaiser trug seine scheinlose, grüne Uniform und das kleine, welthistorische Hütchen. Er ritt ein weißes Rößlein, und das ging so ruhig stolz, so sicher, so ausgezeichnet — wär' ich damals Kronprinz von Preußen gewesen, ich hätte dieses Rößlein beneidet. — — Auf seinem Gesichte stand geschrieben: „Du sollst keine andern Götter haben außer mir." Ein Lächeln, das jedes Herz erwärmte und beruhigte, schwebte um die Lippen — und doch wußte man, diese Lippen brauchten nur zu pfeifen — et la Prusse n'existait plus — diese Lippen brauchten nur zu pfeifen — und die ganze Klerisei hatte ausgeklingelt — diese Lippen brauchten nur zu pfeifen — und das ganze heilige römische Reich tanzte. — Der Kaiser ist tot. — Und Sankt Helena ist das heilige Grab, wohin die Völker des Orients und des Occidents wallfahren in buntbewimpelten Schiffen und ihr Herz stärken durch große Erinnerung an die Thaten des weltlichen Heilands, der gelitten unter Hudson Lowe, wie es geschrieben steht in den Evangelien Las Cases, O'Meara und Antommarchi." —

Kein Wunder, daß des Kaisers Gegner schlecht genug bei Heine wegkommen.

Wellington ist ihm „das dumme Gespenst mit einer aschgrauen Seele in einem steifleinernen Körper, ein hölzernes Lächeln in dem frierenden Gesichte — daneben denke man sich das Bild Napoleons, jeder Zoll ein Gott!"*) Blücher, den er einstmals, da er ihn als Gast seines Oheims in Hamburg persönlich kennen gelernt, den „homerisch göttlichen, herrlichen Blücher" genannt, schilt er an einer (bereits gemilderten)**) Stelle seiner „Geständnisse" eine „alte Spielratte, einen ordinären Knaster". Wer an der Kräftigung des Vaterlandes mitarbeitet, ist ihm verhaßt, so besonders alle Freunde und Förderer der Turnkunst. „Der grobe Bettler Vater Jahn"***) gehörte nach

*) Englische Fragmente XII.

**) Brief an Campe vom 1. 6. 1854.

***) Deutschland. Ein Wintermärchen Kap. XI

Heine „zu jenen schwarzen Narren, die aus dem Patriotismus ordentlich ihr Handwerk gemacht hatten . . .“*) — „Gleich dem Meister waren auch die meisten Gesellen nur gemeine Naturen, schmierige Heuchler, deren Grobheit nicht einmal echt war.“ Der wohlverdiente, auch als Sprachforscher bekannte Mitbegründer des deutschen Turnwesens J. F. Maßmann muß unaufhörlich als Prügelknabe herhalten und wird mit Schmähungen der gemeinsten Art förmlich überschüttet (so besonders im 3. Kapitel der Reise von München nach Genua).

Wie abfällig Heine die Sänger der Freiheitskriege, insbesondere Körner beurteilt, sahen wir bereits; für ihn gab damals „die hohe Obrigkeit das Befreiungszeichen“**) und in der Schlacht bei Belle-Alliance triumphierte nach Heine „die schlechte Sache des verjährten Vorrechts, der servile Knechtssinn und die Lüge, und es waren die Interessen der Freiheit, der Gleichheit, der Brüderschaft, der Wahrheit und der Vernunft, es war die Menschheit (!) welche zu Waterloo die Schlacht verlor.“***) Gleich darauf heißt es in denselben „Geständnissen“, an deren Aufrichtigkeit zu zweifeln wir keinen Grund haben, da der todkranke Dichter, als er sie schrieb, mit der Welt bereits abgeschlossen hatte: „Waterloo! fataler Name! es vergingen viele Jahre und wir konnten diesen Namen nicht nennen hören, ohne daß alle Schlangen des ohnmächtigen Zornes in unserer Brust aufzischten und uns die Ohren gellten, wie vom Hohngelächter unserer Feinde. Ihren Speichel fühlten wir alsdann auf den errötenden Wangen.“

Nur noch einige Thatsachen aus des Dichters Leben zur Vervollständigung des Bildes von Heine als Patrioten. Als im Jahre 1815 bei den großen Truppenaushebungen für Heine die Gefahr der Konskription infolge der neueingeführten allgemeinen Wehrpflicht vorlag, bediente er sich eines gefälschten Geburtsattestes, um sich dem preußischen Kriegsdienst zu ent-

*) Vorrede zum 1. Bde. des Salon.

**) „Der Tambourmajor“, Str. 6.

***) „Geständnisse“ 1853/54.

ziehn; höchst wahrscheinlich war, wie Elster überzeugend nachweist,*) das richtige Geburtsjahr 1797 in 1799 umgeändert, und Heine dadurch zwei Jahre jünger gemacht worden. In einem Briefe an St. René Taillandier,**) der den Dichter um biographische Angaben gebeten hatte, räumt dieser offen jene Fälschung ein: „Unter uns gesagt, diese Ungenauigkeit scheint von einem absichtlichen (volontaire) Irrtum herzurühren, den man (?) während der preußischen Invasion zu meinen Gunsten beging, um mich dem Dienste Seiner Majestät des Königs von Preußen zu entziehn.“ —

Eins der ersten und schönsten Lieder Heines „Die Grenadiere“ ist der Verherrlichung Napoleons geweiht, ihn preist das Buch „Le Grand“, ihn die „Geständnisse“ während seine Gegner bei jeder Gelegenheit verhöhnt und gelästert werden.

Vierundzwanzig Jahre alt kündigt der Dichter einem seiner besten Freunde, Sethe, die Freundschaft, weil derselbe leider ein Deutscher, und „alles, was deutsch ist, ihm zuwider sei“ und „wie ein Brechpulver auf ihn wirke“; schon damals (1822), spricht er die Absicht aus, den bêtes qu'on nomme allemands, dieser race si ennuyante et malicieuse en même temps“ den Rücken zu kehren und Deutschland zu verlassen. Nachdem er dann durch den Übertritt zu dem ihm in tiefer Seele verhaßten Christentum und die deutlich ausgesprochene Bereitwilligkeit zu „transagieren“, wie er es nennt, vergeblich in Deutschland ein Staatsamt erstrebt, geht er, tiefen Ingrimm im Herzen, nach Paris, der Stadt der Freiheit, „der Heilandsstadt“, dem „neuen Jerusalem“, um von dort aus ungestörter seinen Vaterlandsgefühlen in Vers und Prosa Ausdruck geben zu können. —

Da Heines lyrische Ader ziemlich frühzeitig versiegte, so warf er sich, durch die Erfolge seiner „Reisebilder“ ermutigt, mehr und mehr der Prosa in die Arme; Litteratur, Politik und Volksleben, Philosophie, Musik und Malerei, über alles hatte

---

*) In Seufferts Vierteljahrsschrift für Litteraturgeschichte 1891 S. 465 ff.; damit scheint mir der heillose Wirrwarr bezüglich des Datums von Heines Geburt erklärt und endgültig beseitigt.

**) 3. 11. 1851.

er seiner Zeit die wichtigsten Dinge zu sagen, und mit so vollendeter Sicherheit und Eleganz trug er auch bei ganz oberflächlicher Kenntnis seine Offenbarungen vor, daß er recht eigentlich als der Begründer der „durch Sachkenntnis nicht getrübten" Kritik in der neueren Journalistik angesehen werden darf; sein verderblicher Einfluß auf die Tagespresse nach dieser Richtung hin ist unberechenbar; von allen seinen Bewunderern und Nachahmern unerreicht blieb der Dichter jedoch in der Kunst, durch witzige Einfälle und Ausfälle, pikante Anekdötchen und malitiöse Persönlichkeiten den Mangel an Gründlichkeit und ernstem Gehalte zu verschleiern.

Vom Jahre 1831 bis 1833 schrieb Heine politische Berichte für die Augsburger Allgemeine Zeitung, die er 1833 gesammelt unter dem Titel „Französische Zustände" herausgab. Nach einer längern Unterbrechung wurden im Februar 1840 jene Korrespondenzen erneuert, um dann wieder nach drei Jahren ein plötzliches Ende zu erreichen; sie wurden erst 1854 in Buchgestalt unter dem Namen, „Lutetia, Berichte über Politik, Kunst und Volksleben" veröffentlicht.

Bekanntlich hat man diese politischen Berichte mit einer Staatspension in Verbindung gebracht, die Heine aus den geheimen Fonds der Regierung Louis Philipps erhielt. Die jüngst erfolgte Publikation neuer Briefe und Urkunden aus Heines Nachlaß durch Jules Legras in der „Deutschen Rundschau"*) sind geeignet, auf die vielbesprochene Angelegenheit in mancher Beziehung neues Licht zu werfen und besonders den Ursprung jener Pension aufzuklären. Der Vorgang war alles in allem folgender:

Im Salon der italienischen Fürstin Belgiojoso war Heine mit Thiers näher bekannt geworden; dieser war es, wie Legras völlig überzeugend nachweist, der Heine im April 1835 oder spätestens im Februar 1836 aus Staatsmitteln eine Pension von 400 Frcs. monatlich verschaffte. Mit Recht hebt Legras hervor, daß Thiers dem Dichter jene Unterstützung verschaffte, ohne eine Gegenleistung zu verlangen. Es kann um so weniger

*) J. Legras, Heinrich Heine in Paris. Deutsche Rundschau 1894 Heft 9 u. 10 (Juni u. Juli).

von einer solchen die Rede sein, da Heine, was der französische Forscher unerwähnt läßt, in den ersten 4—5 Jahren nach Beginn der Pension überhaupt nichts Politisches veröffentlicht hat; übrigens wußte er sich mit Thiers in entschiedenem Liberalismus und der Begeisterung für Bonaparte eins. Ein ganz anderes Ansehn gewann aber die Sache, als nach Thiers' Sturze dessen Gegner Guizot die Leitung der Regierung übernahm (am 29. Oktober 1840), mit dem Heine weder durch freundschaftliche Beziehungen, noch durch gleiche politische Ansichten verbunden war und den er früher, z. B. in den Berichten vom 12. Mai 1832 und vom 29. Juli 1840 (also kurz vorher), angegriffen, ja aufs derbste verspottet hatte. Wer den bittern Hohn jener beiden Stellen mit der höchst respektvollen Behandlung vergleicht, die Heine Guizot als leitendem Minister angedeihn läßt, muß zugestehn, daß in der That eine bemerkenswerte Wandlung in seiner Beurteilung deutlich genug sich kundgiebt.

Schon wenige Tage, nachdem Guizot das Heft der Regierung in die Hand genommen, ändert Heine seinen Ton, nennt ihn einen „wackern, festgesinnten Mann" und spricht von seinem „edlen Äußern". In demselben Monat (November 1840) machte der Dichter, wie er selbst erzählt, dem Minister seine Aufwartung und erhielt von ihm die Zusicherung der Fortzahlung seiner Pension. Nunmehr ergeht er sich fortgesetzt in höchst sympathischen Artikeln über Guizots Charakter und Politik. Schon der Bericht vom 6. Januar 1841 hat allein den Zweck, in der geschicktesten Weise für den neuen Minister Stimmung zu machen; auch von dem enragiertesten Parteigänger konnte Guizot keine bessere Unterstützung erfahren. Man kann sich dabei des Gedankens nicht erwehren, daß die soeben erhaltene erste Pensionsrate Heine so versöhnlich stimmte. Die gleiche, mehr als wohlwollende Beurteilung zeigen fast alle folgenden Korrespondenzen, so die vom 29. April 1841, vom 12. Januar und 20. Juni 1842 (in der späteren Buchausgabe vom Jahre 1854 ist diese Lobhymne beseitigt), vom 2. Februar und 21. März 1843.

Auch Strodtmann*) kann nicht leugnen, daß „in Heines Aufsätzen aus dem Anfang der vierziger Jahre allerdings eine minder schroffe Befehdung der Politik Ludwig Philipps und seiner Räte vorwaltet, als in früheren Berichten". Ähnlich äußern sich die neuern Biographen Heines, Prölß (S. 244) und weit stärker noch Keiter (S. 99 f.).

Zwar sucht Legras nun darzuthun, daß „die französischen Minister sich sehr wenig um das kümmerten, was Heine seiner Zeitung schrieb", doch welche Gründe bringt er bei? Er legt uns als Hauptbeweis einen Brief Heines vor, den dieser 1855 mit der französischen Ausgabe seines Werkes Lutèce Thiers übersandte; in diesem Schreiben sucht der Autor mit ängstlicher Beflissenheit den Mangel an „höfischen Wendungen" in seinem Buche, der Mißfallen erregen könnte, zu entschuldigen. Daraus nun, daß „Heine 1855 so große rednerische Vorsichtsmaßregeln trifft, um zu verhindern, daß Thiers Anstoß an einigen leeren Ausdrücken und Kritiken nehme, deren Gegenstand er gewesen", folgert Legras, daß die französischen Minister in den Jahren 1840—42 sich sehr wenig um Heines Berichte an die Augsb. Allgem. Zeitung kümmerten und seine Pension also nichts mit seinen politischen Artikeln zu thun hatte. Man wird zugeben, daß diese Beweisführung auf sehr schwachen Füßen steht. Ist es denn wirklich denkbar, daß ein Minister des Auswärtigen, der zugleich thatsächlich**) die Regierung leitete (es handelt sich hier nur um Guizot), bei einer keineswegs sonderlich gesicherten Stellung sich ganz und gar nicht um die Beurteilung kümmerte, die seine Politik und Persönlichkeit in der angesehensten Zeitung des Nachbarstaates durch einen so hervorragenden Korrespondenten „seinen politischen Gegner"***) fand? Ist es denkbar, daß der eitle Heine sich auf diese völlige Ignorierung seiner Berichte so fest verließ, um seine Pension in ihnen aufs Spiel zu setzen? — Daß Guizot Heines Korrespondenzen einer genauern Kenntnisnahme würdigte, ist freilich nicht anzunehmen, wohl aber konnte

*) a. a. O. II S. 257.

**) Nominell führte freilich der Marschall Soult die Präsidentschaft.

***) So bezeichnet Legras selbst das Verhältnis Heines zu Guizot (S. 94).

es ihm nicht gleichgültig sein, ihm und seinen Räten nicht verborgen bleiben, ob sie in günstigem oder feindseligem Geiste geschrieben waren.

Weit mehr Berechtigung als Legras' Deduktion scheint mir der entgegengesetzte Schluß zu haben: Wenn Heine zu einer Zeit, wo er völlig unabhängig war, so ängstlich besorgt erscheint, dem Privatmanne Thiers „durch einige leere Ausdrücke und Kritiken“ nicht zu mißfallen, wie hätte er sich da nicht hüten sollen, zur Zeit seiner Abhängigkeit den Minister zu verletzen, der durch ein einziges Wort ihm die Pension zu entziehn die Macht hatte? Konnte er es wagen, seine materielle Existenz in Frage zu stellen im Vertrauen auf die gänzliche Nichtbeachtung einer der gelesensten Zeitungen des Nachbarlandes in Frankreich, wobei zum mindesten jeder Zufall ihm verderblich werden konnte? So unvorsichtig war Heine nicht; vielmehr entging er auf die einfachste Weise jeder Gefahr, indem er über Thiers und Guizot zur Zeit ihrer Amtsführung entweder überhaupt nichts Nachteiliges vorbrachte oder doch nichts, was nicht durch reichliches Lob aufgewogen wurde; der Schein des Freimuts und der Wahrheitsliebe mußte den Beifall dann nur um so wirksamer machen und einer weitblickenden Regierung nützlicher erscheinen als Schmeicheleien, die gar zu deutlich ihren Ursprung verrieten.

Daß übrigens weder Thiers noch Guizot Heine bestimmte Verpflichtungen auferlegten, ist, wie gesagt, mit Gewißheit anzunehmen, ebenso gewiß aber ist es, daß Heine auch ohnedies die stille Verpflichtung fühlen mußte, einer Regierung, von der er fortgesetzt so namhafte Unterstützungen empfing, nicht durch abfällige Kritik und energische Befehdung Schwierigkeiten zu bereiten. Nur so erklärt es sich, daß er vom Minister Guizot mit so hoher Achtung, ja Bewunderung spricht, während er Guizot als Führer der Opposition zur Zeit, da Thiers an der Spitze der Regierung stand, so derbe zu verspotten wagte.

Nur einmal, oder richtiger in zwei aufeinander folgenden Artikeln, wagt es Heine, die allgemein bekannten Schäden des Guizotschen Regierungssystems, freilich in milder Form, „vielleicht etwas zu beschaulich indifferent", wie er selbst sagt, auch seinerseits zu besprechen; es geschieht dies in dem Berichte vom 6. Mai 1843, wo er über die „jetzige Korruption, das Bestechungssystem, womit seine Kollegen in deutschen Zeitungen so viele Kolumnen anfüllten", redet, noch weniger scharf in der folgenden Korrespondenz vom 1. Juni, in der er seinem Mißmut über das Auftreten der Regierung gegen antiklerikale Flugblätter Ausdruck giebt. Gleich darauf aber ist es mit Heines politischen Berichten aus; er schreibt nur noch ein paar ganz harmlose Artikel über gleichgültige Dinge, um schon im nächsten Monat die Korrespondenz für mehrere Jahre ganz einzustellen.

Wie nahe liegt die Vermutung, daß Guizot von jenen Artikeln Kenntnis erhielt und Heine vor die Frage stellte, ob er auf die Fortsetzung der Berichte oder die seiner Pension größern Wert lege; die Antwort konnte nicht zweifelhaft sein.

Karpeles, Heines entschiedenster Verteidiger, erklärt es (Ges. Werke Bd. 6 S. XIV) für eine „Thatsache", die „durch den Brief eines Pariser Deutschen geschichtlich erhärtet" sei, daß Guizot Heine eines Tages wegen seiner scharfen Sprache gegen das Ministerium interpellieren ließ. „Heine schrieb nun in nächster Zeit einen Aufsatz für die Sache der Regierung und gegen die französische Kammermehrheit. Darauf ließ ihm Guizot abermals sagen, es sei ihm doch lieber, wenn er seine Angriffe fortsetze . . ."

Liegt hier, wie nicht zu bezweifeln, wirklich eine „geschichtlich erhärtete Thatsache" vor, so ist Legras Behauptung von des Ministers Indifferenz als hinfällig erwiesen, Heines Zugänglichkeit für direkte Beeinflussung dargethan und zugleich ersichtlich, daß gelegentliche, minder scharfe Äußerungen des Freimuts, ja kleine Angriffe bei einer im allgemeinen sympathischen Haltung Guizot nutzbringender erschienen, als Lobeserhebungen, die sich gar zu deutlich als bezahlte Arbeit verrieten.

Sehr wohl stimmt mit diesen Ergebnissen die Aussage Edouard Greniers überein, daß Heine ihn oftmals Artikel aus der Augsb. Allgem. Zeitung ins Französische übersetzen ließ, und seine Vermutung, daß sie für Guizot bestimmt waren, hat demnach so wenig Unwahrscheinliches, daß Legras hätte Anstand nehmen sollen, den greisen Dichter darum einer „Verleumdung“ zu zeihen.

Kann somit auch von einer eigentlichen Bestechung Heines nicht die Rede sein, so verlor dieser doch durch jene Pension seine Unabhängigkeit, da jede Wohlthat den Empfänger auch ohne Revers verpflichtet und er zum mindesten Guizot gegenüber, den er vorher bekämpft, durch die Pflicht der Dankbarkeit und stillschweigende Verständigung sich gebunden sah; unzweifelhaft büßte er gänzlich jeden selbständigen Wert als politischer Schriftsteller ein, indem er von dem Kabinette Louis Philipps durch die Hand von Thiers und Guizot insgeheim bedeutende Geldunterstützungen fortgesetzt empfing, während er ebendieselben Männer als „die drei Helden seines Buches“, d. h. jener Berichte, bezeichnet.*)

Länger als zwölf Jahre hatte der Dichter jene Pension bezogen, und wenn auch hin und wieder Stimmen laut geworden waren, die ihn geradezu der Bestechung ziehen, so fehlte es für derartige Beschuldigungen doch an allen Beweisen.

Da wurden nach der Februarrevolution und dem Sturze des Ministeriums Guizot von der „Revue Retrospective“ unter andern Papieren aus den Archiven der gestürzten Regierung auch die Rechnungen des Ministeriums der auswärtigen Angelegenheiten veröffentlicht, in denen der Name Heinrich Heines mit bedeutenden Summen figurierte. Nun versuchte der stark kompromittierte Dichter durch eine „Erklärung“ in der „Allgemeinen Zeitung“,**) die häßliche Sache, die er nicht mehr abzuleugnen vermochte, nach Kräften zu beschönigen; er sagt dort: „Jene Unterstützung war — ich nenne die Sache bei ihrem Namen — das große Almosen, welches das französische Volk an so viel Tausende von Fremden spendet, die sich durch ihren Eifer für die Sache der Revolution in ihrer Heimat mehr oder weniger glorreich kompromittiert hatten.“

---

*) Legras a. a. O. S. 86.

**) Außerordentl. Beil. vom 23. Mai 1848.

Sonach war Heine, wie er selbst bekennt, ein Empfänger französischer Almosen, und noch mehr, er, der sich so gern als Volkstribun aufspielt, war der Kostgänger der korrumpierten Regierung Louis Philipps, über die er zur selben Zeit politische Berichte schrieb.

Ein neues und eigenes Licht fällt aber noch auf Heines Charakter, wenn wir mit diesen Thatsachen folgende Stelle eines Briefes vergleichen, den er an seinen Bruder Max schrieb,*) als er bereits etwa zwanzig Monatsraten jenes französischen Geldes empfangen hatte. „Obgleich die deutschen Demagogen das Gerücht verbreiten, ich sei von den Regierungen gekauft, so kann ich Dir doch bei dem Leben aller derer, die ich liebe, beschwören, daß ich nie einen Sou nehmen wollte, selbst wenn ich in der größten Bedrängnis war (so!). Und jetzt ist es gar unmöglich, daß ich eine so klägliche Handlung beginge . . . genug davon!“

Der Ausdruck „gekauft“ ist freilich so vorsichtig gewählt, daß er der Sachlage nicht ganz entspricht, immerhin macht sich der heilige Schwur des Dichters, „keinen Sou nehmen zu wollen“, zu einer Zeit, da er von der Regierung fortgesetzt insgeheim erhebliche Summen empfing, wahrlich seltsam genug. Natürlich hütet er sich wohl den wahren Sachverhalt auch nur mit einem Worte anzudeuten.

In interessanter Beleuchtung erscheint nun auch eine Stelle des Buches über Börne, die für Heines Kunst des heuchlerischen Stils ungemein bezeichnend ist; der so schmählich beschimpfte Verstorbene wird hier (4—5 Jahre nach Beginn jener Pension) folgendermaßen apostrophiert:

„Es lassen sich hier sogar einige Zischlaute vernehmen, die — (können die Toten im Grabe erröten?) — ja, ich kann dem Verstorbenen diese Beschämung nicht ersparen: er hat sogar auf Bestechlichkeit hingedeutet . . . Schöne, süße Ruhe, die ich in diesem Augenblick in tiefster Seele empfinde! du belohnst mich hinreichend für alles, was ich gethan und für alles, was ich ver-

*) 5. 8. 1837.

schmäht ... Du reichest mir aus dem Grabe die bittende Hand? ... ohne Groll (!) reiche ich dir die meinige ... Sieh, wie schön ist sie und rein! Sie ward nie besudelt von dem Händedruck des Pöbels, ebenso wenig wie vom schmutzigen Golde der Volksfeinde ..."

So schreibt der Mann, der es als seine Lebensaufgabe anzusehen rühmt, der Heuchelei die Maske vom Angesicht zu reißen! — —

Nicht selten versucht es Heine, durch ähnliche Künste sich den Anschein eines tief empfindenden, doch aufgeklärten Patrioten zu geben; auch gelingt es ihm hin und wieder einmal in einem Liede der momentanen Sehnsucht nach dem verlornen Vaterlande einen rührenden Ausdruck zu leihn; meistens jedoch tragen diese plötzlich aufwallenden und ebenso schnell verschwindenden Gefühle den Charakter eines koketten Schmachtens, einer poetischen Sehnsüchtelei; um keinen Preis möchte der Dichter von der Möglichkeit einer Heimkehr auf immer Gebrauch machen; seine wahre Gesinnung kennen wir aus prosaischen Quellen besser; so schreibt er anderthalb Jahre nach seiner Ankunft in Paris an Ferdinand Hiller:*) „Fragt Sie jemand, wie ich mich hier befinde, so sagen Sie: „„Wie ein Fisch im Wasser"", oder vielmehr sagen Sie den Leuten, daß, wenn im Meere ein Fisch den andern nach seinem Befinden fragt, so antworte dieser: „„Ich befinde mich wie Heine in Paris.""

Noch sechzehn Jahre später, als bereits seine letzte Krankheit den Dichter für immer an die Seinestadt zu fesseln drohte, äußerte er zu seinen Freunden:**) „Welches irdische Paradies könnte mir diesen verpesteten Nebel ersetzen, der mich zum Husten reizt? Seht ihr: trotz aller Ausführungen Henri Monniers kann ein wirklich geistvoller Mensch nur in Paris leben und sterben ... Sprecht mir doch nicht von Nizza und anderen südlichen Ländern. Laßt mich hier sterben. Die Verbannung (!) würde mich dort weit schneller töten, als hier meine Krankheit. Man soll einen

---

*) 24. 10. 1832.

**) Henri Julia, H. Heine. Deutsche Revue 1884 IX 3 S. 166.

Goldfisch nicht aus dem schlechten Wasser seines Behälters nehmen, ebensowenig als Heinrich Heine aus der Pariser Luft.“

Daß Heine gelegentlich sich wirklich einmal nach seiner alten Heimat sehnte, wer wollte es bezweifeln? Wie konnte es anders sein? Doch als er diese Sehnsucht nach dem Vaterlande und den Seinen durch einen Besuch in Hamburg befriedigt hatte, was war die Frucht dieser „Heimkehr“? eben jene Satire „Deutschland, ein Wintermärchen“, die witzigste, aber auch giftigste Verspottung Deutschlands in allen seinen Lebensformen und Lebensäußerungen. Er läßt den „Vater Rhein“ bekennen, daß er um der Franzosen Rückkehr „so oft mit Thränen zum Himmel gebeten“. Sein erster Gedanke im Vaterlande ist — Napoleon; und gleich darauf äußert er gefühlvoll:

„Jedwedem fühlenden Herzen bleibt
Das Vaterland ewig teuer —
Ich liebe auch recht braun geschmort
Die Bückinge und Eier. —“

Die Satire gipfelt bekanntlich darin, daß der Dichter Deutschlands Zukunft, ohne Ahnung oder Wunsch seiner nahenden Größe, in einer verpesteten Kloake erblickt:

„Es war, als fegte man den Mist
Aus sechsunddreißig Gruben.“

Hier folgten ursprünglich noch acht Strophen, die mit unerhört ekelhaftem Behagen das Bild weiter ausmalten. — —

Bei solchen Proben von Vaterlandsliebe werden wir schwerlich einigen Anfällen von Heimweh in Heines Liedern allzu viel Bedeutung beilegen, auch nicht der phrasenhaften Selbstverteidigung des Dichters in der Vorrede zu derselben Satire, wo er u. a. behauptet, daß er „wegen seiner Liebe zum Vaterlande (!) dreizehn Jahre im Exil verlebt habe“, wohl aber glauben wir die ungeschminkte Wahrheit zu hören, wenn er insgeheim seinem Freunde Detmold ganz nackt heraus erklärt,*) „das Opus (Deutschland, ein Wintermärchen) sei nicht bloß radikal, revolutionär, sondern auch **antinational**.“ —

*) Brief an Detmold 14. 9. 1844.

Die deutschfeindliche Gesinnung Heines nahm mit der Zeit womöglich noch zu. Am stärksten tritt sie wohl in seinen letzten Werken, den „Geständnissen“ (1853/54), hervor, zu denen das schon mehrfach citierte Waterloo-Fragment gehörte; dort nennt er Napoleon III., als Erben seines älteren Bruders, der im Großherzogtum Berg „nie abdicierte“, „seinen legitimen Souverän,“ erklärt, daß er den Staatsstreich vom 2. Dezember 1852 „in tiefster Seele als Triumph empfinde“, und erwartet, daß „die Konsequenzen einer solchen Rehabilitation für alle Völker Europas, namentlich für die Deutschen, gewiß heilsam sein werden“. Da sieht sich selbst Heines Verleger Campe veranlaßt, seine warnende Stimme zu erheben. Er schreibt:*) „Sie scheinen zu vergessen, daß Sie deutscher Schriftsteller sind. Mit geballter Faust schlagen Sie der ganzen deutschen Bevölkerung ins Angesicht und zwar auf Unkosten der Franzosen.“ — Camilla Selden erklärt,**) die Thatsache verbürgen zu können, daß Heine noch kurz vor seinem Tode „mit der Regierung des zweiten Kaiserreichs Fühlung zu gewinnen Versuche gemacht hat“, und bringt jenes „erniedrigende Unterfangen“ mit der beständigen Geldnot des Heinischen Ehepaars in Verbindung. — —

Wir kommen zum Schlußurteil über Heines Verhältnis zu Deutschland und deutschem Wesen: Obwohl in Deutschland geboren und deutscher Erziehung und Kultur für seine Bildung, für seine besten geistigen Besitztümer zu Danke verpflichtet und mit feinem Verständnis für deutsche Dichtung begabt, bleibt Heine in seinem eigensten Empfinden und Dichten undeutsch vom Scheitel bis zur Sohle, undeutsch in seinem Mangel an Schamgefühl und Pietät, an Wahrheitsliebe und Treue, an Achtung vor dem weiblichen Geschlecht, undeutsch in Lüsternheit und Frivolität, ja selbst in seinem Talente des Witzes und der Malice, undeutsch in seiner Abneigung gegen Deutschlands Helden und Ruhmesthaten wie seiner Begeisterung für Frankreich und Napoleon.

Wer noch im Zweifel mit sich ist, ob Heine „ein Herz für

*) Mitgeteilt von Strodtmann II 434.

**) Schorers Familienblatt 1885 S. 408.

unser Volk" gehabt, dem empfehle ich das gleichnamige Gedicht Uhlands zum Prüfsteine zu nehmen, eines Mannes, dessen Patriotismus kein Verständiger in Zweifel zieht und dessen liberale Gesinnung bekannt ist. Es stammt aus dem Jahre 1816, ist also vor Heines litterarischem Auftreten entstanden, und dennoch scheint jedes Wort der zweiten Strophe tiefinnere Beziehung gerade auf ihn zu haben:

„An unsrer Väter Thaten
Mit Liebe sich erbau'n,
Fortpflanzen ihre Saaten
Dem alten Grund vertrau'n;
In solchem Angedenken
Des Landes Heil erneu'n;
Um unsre Schmach sich kränken,
Sich unsrer Ehre freu'n;
Sein eignes Ich vergessen
In aller Lust und Schmerz:
Das nennt man, wohl ermessen,
Für unser Volk ein Herz.

Was unsre Väter schufen,
Zertrümmern ohne Scheu,
Um dann hervorzurufen
Das eigne Luftgebäu;
Fühllos die Männer lästern,
Die wir uns ausgewählt,
Weil sie dem Plan von gestern
Zu huldigen verfehlt;
Die alten Namen nennen
Nicht anders als zum Scherz:
Das heißt, ich darf's bekennen,
Für unser Volk kein Herz."

Während Heines undeutsche, ja deutschfeindliche Gesinnung ziemlich unverändert zu allen Zeiten seines Lebens sich kundgiebt, haben seine religiösen Überzeugungen gegen das Ende seines Lebens eine nicht unerhebliche Wandlung erfahren.

Von jüdischen, aber keineswegs strenggläubigen Eltern abstammend, besuchte Heine das von katholischen Geistlichen, z. T. ehemaligen Mitgliedern des Jesuitenordens, geleitete

Lyceum zu Düsseldorf, wo ihm als Knaben bereits „alle Systeme der freien Denker vorgetragen wurden“ *); weder durch seinen Vater, den genußsüchtigen, frivolen Lebemann, noch durch seine freidenkende Mutter war ein fester Ankergrund religiöser Überzeugungen in die Seele des Kindes gelegt, der vertraute Umgang mit dem von Atheismus ergriffenen Sohne eines Kornwucherers nährte Zweifel und Irreligiosität und der Unterricht eines mit philosophischer Freigeisterei kokettierenden katholischen Priesters bestärkte vollends durch die Autorität von Schule und Kirche den Skepticismus des frühreifen Knaben. Der angeborene Trieb zu absoluter Negation und ein sittenloser Lebenswandel machen ihn später zu dem „geborenen Feinde aller positiven Religionen“, wie er selbst sich bereits in jungen Jahren nennt,**) schon weil sie alle positive Anforderungen an Glauben und Sittlichkeit stellen; um ein Staatsamt zu erlangen wird er Renegat am Glauben seiner Väter, er tritt zu dem insgeheim***) und öffentlich†) aufs heftigste von ihm angefeindeten Christentum über, obwohl er selbst es „für unter seiner Würde und seine Ehre befleckend“ erklärt hatte, „wenn er, um ein Amt in Preußen anzunehmen, sich taufen ließe;“††) nachdem er so seinen Stolz rein praktischen Rücksichten zum Opfer gebracht, sieht er sich in seinen Erwartungen aufs bitterste getäuscht. Ein Staatsamt wird ihm trotz aller Bemühungen nicht zu teil, und der „nicht abzuwaschende Jude“ wird ihm zu seiner Verzweiflung noch immer vorgeworfen. „Ich bin jetzt bei Christ und Jude verhaßt,“ schreibt er an Moser;†††) „ich bereue sehr, daß ich mich getauft hab'; ich seh' noch gar nicht ein, daß es mir seitdem besser gegangen sei.“ —

Den tiefen Ingrimm über den als moralische Demütigung empfundenen nutzlosen Religionswechsel läßt er nun nicht an

*) Engel, Heines Memoiren S. 88.

**) Brief an Moser 23. 8. 23.

***) Vgl. den Brief an Wohlwill 1. 4. 1823.

†) Z. B. in der Tragödie Almansor.

††) Am Moser 27. 9. 1823.

†††) 9. 1. 1826.

sich selbst, sondern an Staat und Kirche aus, die ihn durch die Unduldsamkeit und Härte ihrer Institutionen zu jenem verhaßten Schritte gezwungen; daher der leidenschaftliche Ansturm gegen die Einrichtungen der kirchlichen und staatlichen Ordnung, die er nun, noch weit mehr wie bisher, mit einem Sprühregen von witzigen Hohnreden überschüttet; freilich bietet zugleich die Wahl eines so bedeutenden Gegenstandes ihm die denkbar günstigste Gelegenheit, sein glänzendes Talent der Satire leuchten zu lassen; hält er doch „den Witz nur dann für erträglich, wenn er auf ernstem Grunde ruht".*) So durch Geburt, Neigung, Anlage und Lebensführung ein Gegner des Christentums, bekämpft er den Widersacher, vor dem er zähneknirschend sich gebeugt, mit den schärfsten Waffen des Witzes und der Satire unter rücksichtslosester Aufdeckung aller Schäden und Widersprüche in Lehre und Leben, selbst ohne Scheu vor falschen Unterstellungen und dreisten Blasphemieen; ja Heine, der Mann der Negation, wagt es sogar, in diesem einzigen Falle mit positiven Vorschlägen hervorzutreten; er will der Religion des Geistes die Religion der Materie durch Rehabilitation des Fleisches entgegensetzen; er will das Fleisch, dessen Abtötung das Christentum anstrebe, wieder in seine „heiligen" Rechte einsetzen und verkündet mit Emphase:**) „Der nächste Zweck aller neuen Institutionen ist die Rehabilitation der Materie, die Wiedereinsetzung derselben in ihre Würde, ihre moralische Anerkennung, ihre religiöse Heiligung(!), ihre Versöhnung mit dem Geiste." Er will eine Religion stiften, welche die Zügelung der Sinnlichkeit durch die Sittlichkeit, der Begierden durch die Vernunft — die erste und wichtigste Forderung jeder ernsten Ethik — als Thorheit oder Heuchelei verwirft, eine Sittenlehre, die, hochtrabender Phrasen entkleidet, im letzten Grunde auf eine Rechtfertigung, ja religiöse Heiligung(!) des Lasters hinausläuft. — Heine selbst wurde der erste Märtyrer seiner neuen Religion; schneidender ließ die Irrlehre dieses neuen Evangeliums des Fleisches und der Sinnenlust sich nicht

*) Brief an Moser vom 1. 6. 1825.

**) Zur Geschichte d. Relig. u. Philos. in Deutschland, 2. Buch.

widerlegen als durch die achtjährigen furchtbaren Leiden ihres Stifters und Propheten, die dieser gerade in ihrem Dienste sich zugezogen; abgezehrt wie ein Schatten, mit geschlossenem Auge und gekrümmtem Rückgrat, „vor Schmerz lachend und mit den Zähnen knirschend“*) und oft von entsetzlichen Krämpfen geschüttelt, so lag der Hohepriester freudiger Sinnlichkeit auf seinem Marterlager; „tiefster Jammer, dein Name ist Heinrich Heine,“ schreibt er an die Mouche;**) einen Brief an seinen Freund Wertheim***) schließt er mit den Worten: „Die Hand Gottes liegt schwer auf mir; doch — sein heiliger Wille geschehe.“ Sind nun auch Äußerungen einer solchen wahrhaft christlichen Ergebung in den göttlichen Willen bei Heine selten, bricht auch oft genug der Spott und die alte Wildheit wieder durch, so wurde doch schließlich das einst dem Sinnengenuß mit Leib und Seele ergebene, im „Götterselbstgefühl“ die Gottheit höhnende Weltkind durch furchtbare Leiden zu Gott zurückgeführt; Heine bekennt am Ende seines Lebens frei, wenn auch in seiner burlesken Weise, daß er „zu dem alten Aberglauben, zu einem persönlichen Gott zurückgekehrt sei“,†) „daß alles, was in seinem Buche über Deutschland auf die große Gottesfrage Bezug habe, ebenso falsch wie unbesonnen sei“††) und daß er „die Wiedererweckung seines religiösen Gefühls — der Bibel danke“.†††) Wahrlich eine wunderbare Geschichte religiöser Wandlungen!

Die bloße Prüfung dieses Entwickelungsganges dürfte für viele zur Gewinnung der Überzeugung genügen, daß man Heines Ansichten und Äußerungen über religiöse Dinge ebensowenig ernst zu nehmen habe, wie die über politische; war es ihm doch niemals rechter Ernst, zur Klarheit und Wahrheit sich durchzuringen; gesteht er doch selbst am Ende seines Lebens die Verkehrtheit seiner Sophistereien ein und bekennt, daß sein

---

*) Brief an die Mouche. Memoiren S. 333.

**) Mem. S. 339.

***) 15. 3. 1850.

†) Nachwort zum Romancero 1851.

††) Vorrede zur 2. Auflage von „Deutschland“ 1852.

†††) Geständnisse 1853/54.

atheistisches Hauptwerk, „Zur Geschichte der Religion und Philosophie in Deutschland", die sündhaftesten Irrtümer enthalte,*) daß in seinen Reisebildern „viel thörichte, wie gottlose Stellen" wie „giftiges Unkraut fortwuchern".**) Weil er jedoch in unvergleichlicher Weise die von ihm so bewunderte Kunst versteht, „sich mit frommen Phrasen zu schmücken",***) und die beständige Besprechung, ja dichterische Behandlung religiöser Stoffe um ihrer poetischen Brauchbarkeit willen oder als Folie für satirische Zwecke auf einem tieferen Interesse zu beruhn scheint, wird nicht selten der Dichter unverdienterweise bald als Christ, bald als Jude reklamiert, und man quält sich ab mit dem Nachweis, daß er trotz einiger übermütigen Invektiven im Grunde ein tief religiöses Gemüt gewesen sei. Am weitesten geht darin wohl Alfred Christlieb Kalischer in einer unlängst erschienenen Broschüre, der allen Ernstes den Nachweis erbracht zu haben wähnt, daß Heine ein „außerordentlich christbegeisterter(!) Mann sein lebenlang war (S. 26), der ihn einen „wirklichen Jünger Christi" nennt (S. 33), von seinem „tief christlichen Sinn" spricht (S. 39) und „zum Teil sehr geniale Offenbarungen über alle religiösen Fragen in Versen und in Prosa" bei ihm vorgetragen findet (S. 71). — Da sieht man recht, welchen unheilvoll sinnverwirrenden Einfluß des alten Spötters Werke namentlich auf jugendliche Gemüter ausüben!††)

---

*) Geständnisse 1853/54.

**) Vorrede zur letzten französ. Ausgabe der Reisebilder.

***) Er rühmt sie an dem berüchtigten Witt von Dörring.

†) Kalischer, H. Heines Verhältnis zur Religion, 1890.

††) Hier nur ein paar Proben. Heines „Schöpfungslieder" atmen nach Kalischer (S. 10) „viel echte Religiosität"; sie beginnen mit der Strophe:

„Im Beginn schuf Gott die Sonne,
Dann die nächtlichen Gestirne,
Hierauf schuf er auch die Ochsen
Aus dem Schweiße seiner Stirne." — —

„Echteste Marienpoesie" findet der wohlwollende Kritiker in dem Pamphlete auf König Ludwig I.; er hat das Gedicht wohl nicht zu Ende gelesen; die Schluß-

Wenn es möglich ist, bei der Lektüre von Heines Schriften zu derartigen Ergebnissen zu gelangen, so erscheint eine eingehendere Prüfung seiner religiösen Überzeugungen und „genialen Offenbarungen" an dieser Stelle keineswegs überflüssig.

Heine war weder Jude noch Christ, wenn er auch, als Jude geboren, zum Christentum übertrat, wenn er auch für das Poetische des Dogmas wie des Kultus in beiden Religionen als Dichter das feinste Verständnis hatte, was sich in seinen Werken so häufig aufs deutlichste kundgiebt.

In welcher Weise der Knabe bereits sich mit den jüdischen Religionsvorschriften abzufinden wußte, lehren uns zwei ergötzliche Anekdoten, die sein Jugendgespiele Joseph Neunzig überliefert hat. An einem Samstage im Herbste, als Heine mit einigen Kameraden an dem Rebenspalier eines Nachbarhauses spielte, wurde der Appetit der Kinder durch ein paar prächtige Weintrauben gereizt, die tief zur Erde herabhingen. Da aber das jüdische Gesetz verbietet an Feiertagen etwas von den Bäumen zu pflücken, mußten die Knaben auf den verführerischen Bissen verzichten. Heine jedoch wußte sich zu helfen; er biß die Trauben mit den Zähnen ab, verspeiste sie vergnügt und versicherte lachend, er hätte sie ja nicht abgepflückt, sondern

---

pointe davon ist nämlich, daß Maria, unwillig über den anbetenden König, zu ihrem Sohne spricht:

„Es ist ein Glück, daß ich auf dem Arm
Dich trage und nicht mehr im Bauche,
Ein Glück, daß ich vor dem Versehn
Mich nicht mehr zu fürchten brauche.

Hätt' ich in meiner Schwangerschaft
Erblickt den häßlichen Thoren,
Ich hätte gewiß einen Wechselbalg
Statt eines Gottes geboren."

In der That „die echteste Marienpoesie!" Und ein solcher Kritiker führt auf der ersten Seite seiner Schrift über „die schier unglaubliche Oberflächlichkeit im **Kritisieren**", das „Erbübel im Wesen der meisten Menschen", **Klage**! **Welche Selbstironie**!

abgebissen. — Ein andermal war an einem Sonnabend ein Brand ausgebrochen; die Spritzen rasselten herbei und Harry wurde aufgefordert, durch Weiterreichen der Brandeimer sich nützlich zu machen. Da weigerte er sich energisch und erklärte bestimmt: „Ich darf's nicht und ich thu's nicht, denn wir haben heute Schabbes." — So wußte er den buchstäblichen Wortlaut des jüdischen Gesetzes in beiden Fällen zu seinem Vorteil auszunutzen, einmal zur Befriedigung seiner Lüsternheit,*) das andere Mal zur Beschönigung seiner Trägheit.

Da beide Eltern nichts weniger als strenggläubige Juden waren, — der Vater war indifferent, die Mutter Rationalistin, — und Schule und Umgang den Knaben zum Skepticismus anleiteten, so ist nicht zu bezweifeln, daß Heine zu keiner Zeit seines Lebens ein überzeugter Anhänger des mosaischen Glaubens war; aus leicht erklärlichen Gründen schon rein persönlicher Art blieb er dagegen jederzeit für die Emancipation der Juden aufs lebhafteste interessiert. — Zwei Jahre, bevor er sich taufen ließ, schreibt er an seinen vertrautesten Freund und Glaubensgenossen:**) „Ich habe den Leuten doch schon den Wahn benommen, daß ich ein Enthusiast für die jüdische Religion sei. Daß ich für die Rechte der Juden und ihre bürgerliche Gleichstellung enthusiastisch sein werde, das gestehe ich, und in schlimmen Zeiten, die unausbleiblich sind, wird der germanische Pöbel meine Stimme hören, daß es in deutschen Bierstuben und Palästen wiederschallt. Doch der geborne Feind aller positiven Religionen wird nie für diejenige Religion sich zum Champion aufwerfen, die zuerst jene Menschenmäkelei aufgebracht, die uns jetzt so viel Schmerzen verursacht." Mit gleicher Offenheit und Bestimmtheit spricht er noch zwölf Jahre später in einem Briefe an Laube***) von der pöbelhaften List der Gegner, die ihn gern in die Synagoge verwiesen, ihn, den gebornen Antagonisten des jüdisch-moha-

*) Freilich ist jene Umgehung des Gesetzes dem Juden ausdrücklich verboten; auch handelte es sich um fremdes Eigentum.

**) An Moser 23. 8. 1823.

***) 23. 11. 1835.

medanisch-christlichen Deismus." Gleichzeitig protestiert er öffentlich, als er hört, man wolle ihn in eine „Galerie berühmter Israeliten" mit Wort und Bild aufnehmen, im „Journal des Debats"*) aufs lebhafteste dagegen; „er sei kein Jude, nie (?!) habe er einen Fuß über die Schwelle einer Synagoge gesetzt." Mit Entrüstung weist er Menzels Vorwurf zurück, die Schriftsteller des jungen Deutschlands seien lauter Franzosen und Juden:**) „Wir suchen nicht die Allianz des gemeinen Pöbels, und der Höhergebildete weiß wohl, daß Leute, die man als Gegner des Deismus anklagte, keine Sympathie für die Synagoge hegen konnten; man wendet sich nicht an die überwelken Reize der Mutter, wenn einem die alternde Tochter nicht mehr behagt." Gustav Pfizer bemerkt dazu beißend:***) „Es ist charakteristisch für Heine, sein Verhältnis zur Religion durch Bilder, die sich auf Buhlerei beziehn, zu veranschaulichen."

Heine war, wie er bekennt, „auf seine jüdische Abstammung niemals eitel", ja er schämte sich ihrer geradezu; das beweisen neben den soeben citierten noch manche andere Stellen seiner Werke, das verrät nicht zuletzt auch die Wut seiner Angriffe auf Platen, die sich daraus erklärt, daß dieser ihn gerade an seiner empfindlichsten Stelle, eben in seiner jüdischen Abkunft, verhöhnt hatte. — Heines Urteil über die eigenen Stammes- und Glaubensgenossen ist oft von rücksichtslosester Härte. So schreibt er an Moser aus Lüneburg†): „Juden sind hier, wie überall, unausstehliche Schacherer und Schmutzlappen;" die Hamburger Juden nennt er ein „miserables Pack";††) wiederholt spricht er von „Judengesindel", von „nur in Israel möglichen Ekelhaftigkeiten",†††) ja selbst noch unter den erst in seinem Nachlasse vorgefundenen „Gedanken und Einfällen" enthält das

---

*) 7. 10. 1835.

**) Vorwort zum 3. Teile des Salon (1837) z. E.

***) G. Pfizer, Heines Schriften u. Tendenz. Deutsche Vierteljahrsschrift 1838 I S. 215.

†) 18. 6. 1823.

††) 23. 8. 1823.

†††) An Moser 5/6. Nov. 1823.

kurze Gespräch*) eine ähnliche Verunglimpfung des eigenen Volksstammes. Daß Heine an der gerade zu seiner Zeit und in den Kreisen seiner Freunde angestrebten geistigen und sittlichen Reform des Judentums wirksamen Anteil genommen, darf nicht behauptet werden. Und doch bot der im Jahre 1819 zu Berlin gestiftete „Verein für Kultur und Wissenschaft der Juden", der, von begabten, jungen Männern geleitet, trotz seines kurzen Bestehns anerkennenswerte Erfolge erzielte, hierzu die günstigste Gelegenheit. Heine wurde zwar im Jahre 1822 Mitglied des Verbandes, hat aber nur durch einige Unterrichtsstunden, die er mehrere Monate hindurch wöchentlich in der Vereinsanstalt gab, sich geringe Verdienste erworben. Für die Zeitschrift des Vereins hat er trotz seiner schriftstellerischen Begabung nichts geliefert. Zwar fehlte es ihm nicht an hochtrabenden Worten, wohl aber fehlten die Thaten. Die Novelle „der Rabbi von Bacharach" sollte eine solche That werden, verspricht doch das Vorwort an Moser Großartiges, Unerhörtes:

„Brich aus in lauten Klagen,
Du düstres Martyrerlied,
Das ich so lang getragen
Im flammenstillen Gemüt!
Es dringt in alle Ohren,
Und durch die Ohren ins Herz;
Ich habe gewaltig beschworen
Den tausendjährigen Schmerz.
Es weinen die Großen und Kleinen,
Sogar die kalten Herrn,
Die Frauen und Blumen weinen,
Es weinen am Himmel die Stern'!"

„Weil es aus der Liebe hervorgeht," schreibt er dem Freunde,**) „wird es ein unsterbliches Buch werden, eine ewige Lampe im Dome Gottes, kein verprasselndes Theaterlicht." — Und wie endete die so ruhmredig angekündigte That, diese „gottgefällige Handlung"? Heine kam nicht über das dritte

*) In Abschnitt II „Religion u. Philosophie".
**) 25. Okt. 1824.

Kapitel hinaus*) und verriet sein künstlerisches Unvermögen, indem er trotz der „unsäglichen Liebe, mit der er das ganze Werk in der Brust trug",**) etwas Großes und Ganzes zu schaffen sich nicht befähigt zeigte; und auch dem Judentum, dessen 1000 jährigen Schmerz er so gewaltig beschwören wollte, „daß die Sterne am Himmel weinten", wurde er sehr bald untreu. Er giebt ihm höchst frivole Repräsentanten und schreibt über die Fortsetzung des Buches an seinen Verleger Campe:***) „Im Verfolg traten die ketzerischten Ansichten hervor, die sowohl bei Juden wie bei Christen viel Zetergeschrei hervorgerufen hätten."

Der Rabbi lehrt somit — nebenbei bemerkt — die interessante Thatsache, daß Heine in der erzählenden, genau wie bei der lyrischen Dichtung, aus Mangel an Kraft des Gemüts und künstlerischem Ernst außerstande die poetische Stimmung festzuhalten und ein vollendetes Kunstwerk zu schaffen, seine Zuflucht zu frivolen Witzen und Lascivitäten nimmt, um seine Ohnmacht und innere Leere zu verdecken.

Übrigens darf nicht geleugnet werden, daß die ersten Kapitel des Rabbifragments zu dem Besten gehören, was Heine in Prosa geschrieben hat; besonders zeigt sich — was uns hier zumeist interessiert — in der reizvollen Schilderung des Passahfestes die feine Empfänglichkeit des Dichters für das sinnlich-poetische Element des jüdischen Kultus. In ähnlicher Weise giebt er uns ein Bild von dem Reiz der Sabbathfeier in dem Gedichte „Prinzessin Sabbath", wenn hier auch schon mehrfach ironische Wendungen verraten, daß von einem tiefern religiösen Gefühl nicht wohl die Rede sein kann.†)

*) Heine hat ans Ende des Fragments die Notiz gesetzt, daß „der Schluß und die folgenden Kapitel ohne Verschulden des Autors verloren gegangen seien". Strodtmann erklärt jedoch in seiner Biographie (Bd. I S. 699 Anm. 118), nirgends finde sich eine glaubhafte Andeutung, daß die Erzählung jemals vollendet ward; nur der Anfang des Werks scheine nach dem ihm vorliegenden Manuskripte verbrannt zu sein.

**) An Moser 25. 10. 1824.

***) 21. 7. 1840.

†) Noch deutlicher zeigt sich dies in der gleichen Schilderung im 9. Kapitel der Bäder von Lucca.

War Heine für die Wahl solcher Stoffe durch ihre poetischen Vorzüge, wie für die Kämpfe um die bürgerliche Gleichstellung der Juden durch seine persönliche Lage interessiert, so blieb er der jüdischen Religion gegenüber jederzeit indifferent, wie wir bereits aus manchen seiner Äußerungen entnehmen konnten. „Ich sage Ihnen, es ist gar keine Religion, sondern ein Unglück“ — läßt er den witzigen Lotterie-Kollekteur Hirsch sagen. „Man hat nichts als Schimpf und Schande davon.“

Wie gleichgültig ihm auch die religiöse Seite der jüdischen Reformbestrebungen war, beweist u. a. der frivole Spott, den er über die durch jene Bewegung geschiedenen beiden Parteien der Hamburger Judenschaft im „Wintermärchen“*) ausgießt:

„Die Neuen essen Schweinefleisch,
Zeigen sich widersetzig,
Sind Demokraten; die Alten sind
Vielmehr aristokrätzig.

Ich liebe die Alten, ich liebe die Neu'n —
Doch schwör' ich beim ewigen Gotte,
Ich liebe gewisse Fischchen noch mehr,
Man heißt sie geräucherte Sprotte.“

Als Heine den Glauben seiner Väter, den er mißachtete, aus materiellen Gründen mit einem, den er haßte, vertauschte, um dann beider zu spotten, konnte er bald mit Recht sagen:**) „Ich bin jetzt bei Christ und Jude verhaßt.“ Es war nicht zu verwundern, daß seine frühern Glaubensgenossen ihn verleugneten, wie er sie verleugnet hatte; gerade die intelligentesten Vertreter des Judentums, bei denen man für seine hohe dichterische Begabung das vollste Verständnis voraussetzen darf, suchten ihn am entschiedensten von sich abzuschütteln. So äußert sich der gemüt- und geistvolle Berthold Auerbach***) in der

*) Kap. 22.

**) An Moser 9 1. 1826.

***) Daß Auerbach Heine grollte, weil dieser in dem „Vorwort zu Weills Sittengemälden aus dem elsäßischen Volksleben“ die Priorität seiner (Auerbachs) Dorfgeschichten unerwähnt gelassen, ist eine grundlose Vermutung von Karpeles. Erklärt doch Heine dort gleich zu Anfang ausdrücklich, daß er aus Unbekanntschaft mit den Meisterwerken der deutschen Tagesschriftstellerei hierüber kein selbständiges Urteil habe und sich auf Freunde verlassen müsse.

Abhandlung „das Judentum und die neueste Literatur“: „Das Christentum ist ihm ein längst antiquiertes Institut und das Judentum eine verweste, schmutzige Pflanze, die er nur wieder zerreiben will, um Juden und Christen damit zu ärgern. Er kann für die rehabilitation de la chair, seinen neuen Kult, keine Spiritualisten, wie er die Christen, und keine Deisten, wie er die Juden nennt, brauchen; wie er überhaupt keine Menschen will, deren Streben innere, sittliche Vervollkommnung bezweckt.“ Ähnlich erklärt Gabriel Riesser,*) nach Geist, Charakter und schriftstellerischer Bedeutung ein Hauptführer und Vorkämpfer des gebildeten Judentums, „die Juden hätten Heine stets verleugnet, wie er sie, wenn er ihnen aufgebürdet werden solle“. „Heine sei kein Jude, habe es nie sein wollen, habe sich nie um die sittlichen und bürgerlichen Interessen der Juden gekümmert;“ er spricht von der „tiefen Gemeinheit der Gesinnung, in die Heine rettungslos versunken sei“, und bezichtigt ihn „empörender Verleumdungen gegen ehrenwerte Männer und Frauen“.

Vielleicht verfehlt das Urteil dieser beiden hervorragenden Männer nicht, auf diejenigen jüdischen Verehrer Heines einigen Eindruck zu machen, die in ihm den glänzendsten Vertreter des jüdischen Geistes feiern, ohne sich klar zu machen, daß er durch den Mißbrauch seiner seltenen Gaben seinem Volke mehr geschadet hat als irgend ein noch so erbitterter Gegner.

Das Christentum wählte Heine nicht um der Wahrheit, sondern um des Vorteils willen; er nennt den „Taufzettel“ „das Entreebillet zur europäischen Kultur“;**) „und zu den Staatsämtern“, hätte er hinzufügen können, denn er wählte nicht sowohl die christliche, wie die Staatsreligion; daß in keiner Weise eine innere, wenn auch noch so geringe Neigung oder auch nur eine unbefangene Würdigung des Christentums ihm jenen Schritt erleichterte und seine Antipathie dadurch nur gesteigert wurde,

---

*) G. Riessers Ges. Schriften 4. Bd. S. 77, 163, 207, 300 f. Daß Riesser sich ausschließlich den Interessen des jüdischen Volkes opferte, erkannte Heine selbst an. Alfr. Meißner, H. Heine, S. 148.

**) „Gedanken u. Einfälle“ II.

beweisen vertraute Briefe aus jener Zeit. Einige Monate nach seiner Taufe schreibt er an Moser:*) „Den Japanern ist nichts so verhaßt und zum Greuel als das Christentum. Ich will ein Japaner werden. — Es ist ihnen nichts so verhaßt als das Kreuz. Ich will ein Japaner werden.“ „Ich versichere Dich,“ heißt es bald darauf in einem Briefe an denselben Freund,**) „wenn die Gesetze das Stehlen silberner Löffel erlaubt hätten, so würde ich mich nicht getauft haben;“ und wieder versichert er Moser:***) „Ich stehe oft auf des Nachts und stelle mich vor den Spiegel und schimpfe mich aus.“

Schon vor der Taufe hatte Heine, wie erwähnt, seiner tiefen Abneigung gegen das Christentum in Vers und Prosa, öffentlich und in Privatbriefen, deutlichen Ausdruck gegeben. Absichtlich wählte er für seine Tragödie Almansor die Zeit der letzten Kämpfe der Mauren gegen die Christen in Spanien, um unter diesem Bilde seine eigenen Empfindungen, die Gefühle des unterdrückten Juden gegenüber der mit trotzigem Widerstreben anerkannten Herrschaft des Christentums ausdrücken zu können. Erstaunlich ist dabei die Kraft, mit welcher Heine wiederum das sinnlich-poetische Element des christlich-katholischen Gottesdienstes erfaßt hat und zu veranschaulichen weiß; eine Stelle in seinen „Geständnissen“ (a. E.) erklärt uns diese Erscheinung. „Ich war immer ein Dichter,“ heißt es dort, „und deshalb mußte sich mir die Poesie, welche in der Symbolik des katholischen Dogmas blüht und lodert, viel tiefer als andern Leuten offenbaren, und nicht selten in meiner Jünglingszeit überwältigte auch mich die unendliche Süße, die geheimnisvoll selige Überschwenglichkeit und schauerliche Todeslust jener Poesie.“ —

Ja noch mehr, Zuleima, die zum Christentum bekehrte Geliebte Almansors, preist die weltüberwindende, weltversöhnende Macht der christlichen Liebe in Worten voll wunderbarer

*) Ohne Datum, wahrscheinlich Anfang Oktober 1825.
**) 14. 12. 1825.
***) 23. 4. 1826.

Innigkeit und Tiefe; von der Kirche, die Almansor nur mit Schauder betreten, sagt sie:

„In diesem Hause werden Kinder mündig,
Und Münd'ge werden da zu Kindern wieder.
In diesem Hause werden Arme reich,
Und Reiche werden selig in der Armut;
In diesem Hause wird der Frohe traurig,
Und aufgeheitert wird da der Betrübte.
Denn selber als ein traurig armes Kind
Erschien die Liebe einst auf dieser Erde.
Ihr Lager war des Stalles enge Krippe,
Und gelbes Stroh war ihres Hauptes Kissen . . . .
Die Liebe war's, die du geschaut als Leiche
Im Mutterschoße jenes traur'gen Weibes.
O glaube mir, an jenem kalten Leichnam
Kann sich erwärmen eine ganze Menschheit,
Aus jenem Blute sprossen schönre Blumen
Als aus Alraschids stolzen Gartenbeeten . . . ."

Aber ebensowenig wie diese Worte zu Almansors Herzen dringen, der nur an irdische Liebe denkt, geben sie des Dichters eigenes tieferes Empfinden wieder; vielmehr erkennt man deutlich, daß die Tendenz des Stückes sich mit scharfer Spitze gegen das Christentum wendet, oder richtiger, gegen christliche Proselytenmacherei und jüdisches Renegatentum; das verrät bereits die dritte Scene deutlich genug; Almansor wird von dem Hause seines zum Christentum übergetretenen Vaters, dem er unerkannt genaht, fortgewiesen, denn:

„Was die alte Gastlichkeit betrifft,
So ist das eine jener Heidensitten,
Wovon dies christlich fromme Haus gesäubert."

Er klagt:

„Der alte Glaube
Ist ausgezogen längst aus diesem Hause;
Kehr' um, Almansor, denn die alte Liebe
Hat man mit Hohn zur Thür hinausgestoßen
Und laut verlacht ihr leises Todeswimmern."

Mit einer schweren Anklage gegen das Christentum schließt das Drama, dessen Stoff Heine seinem Verleger*) als „religiös polemisch“ und „die Zeitinteressen betreffend“ charakterisiert; diese Worte lassen nicht den geringsten Zweifel übrig: es handelt sich um eine Polemik gegen das Christentum, die Mauren sind die Juden, und Almansor ist Heine.

In demselben Jahre, in welchem dies Erstlingsdrama erschien (1823), spricht Heine in noch weit schärferer Form seinen tiefen Widerwillen gegen das Christentum in einem Briefe an Wohlwill**) aus: „Dieser endliche Sturz des Chr . . . . wird mir täglich einleuchtender. Lange genug hat sich diese faule Idee gehalten. Ich nenne das Chr . . . . eine Idee, aber welche! Es giebt schmutzige Ideenfamilieen, die in den Ritzen dieser alten Welt, der verlassenen Bettstelle des göttlichen Geistes sich eingenistet, wie sich Wanzenfamilieen einnisten in der Bettstelle eines polnischen Juden. Zertritt man eine dieser Ideenwanzen, so läßt sie einen Gestank zurück, der Jahrtausende lang riechbar ist. Eine solche ist das Chr . . . ., das schon vor 1800 Jahren zertreten worden und das uns armen Juden seit der Zeit noch immer die Luft verpestet.“

Wenn Heine bei einem solchen Abscheu vor dem Christentum, und obwohl er einen Übertritt, um ein Amt zu erlangen, für „unter seiner Würde und seine Ehre befleckend“***) erklärt hatte, noch nicht zwei Jahre später sich dennoch taufen ließ, so hätten Klugheit und Anstand zum mindesten ihn von weitern Angriffen gegen die Kirche, die er selbst sich erwählt, zurückhalten müssen. Schwerlich hätte dann irgend ein Billigdenkender, der den Druck der Zeitverhältnisse ermaß und sich in seine Lage versetzte, ihm jenen Schritt zu besonderm Vorwurfe gemacht. Da aber seine Erwartungen sich in keiner Weise verwirklichten, er „nicht einsehen konnte, daß es ihm seitdem

*) An Ferdinand Dümmler 5. 1. 1823.

**) Vom 1. 4. 1823; die Stelle erschien Heine offenbar selbst zu stark; sie ist im Originalbriefe durchgestrichen, und der Schreiber fährt fort: „Verzeih mir diese Bitterkeit . . . Auch ist alles nicht so ernst gemeint.“

***) An Moser 27. 9. 1823.

besser ging",*) ja er vielmehr „nichts als Widerwärtigkeiten erfuhr",*) so bürdete Heine bald die ganze Schuld an dem als moralische Demütigung empfundenen Glaubenswechsel der christlichen Kirche auf, die er nun mit weit größerm Hasse und schärfern Waffen verfolgte als zuvor. Er macht dabei keinen Unterschied zwischen katholisch und evangelisch, zwischen Geschichte und Gegenwart, er verspottet in gleicher Weise Dogmen, Symbole und Kultus. Nichts Heiliges wird verschont: die einzelnen Personen der Gottheit wie die gesamte Trinität, die Jungfrau Maria, Taufe, Abendmahl und Messe, alles blasphemiert er mit unerhörter Dreistigkeit.

In den „Schöpfungsliedern" verspottet der Dichter, wie schon das Citat oben erkennen ließ, in burlesker Weise den Schöpfer und sein Werk; in „Adam der Erste" läßt er den Stammvater des Menschengeschlechts über seine Vertreibung aus dem Paradiese „ganz ohne Recht und Erbarmen" sich beschweren; er fährt dann fort:

„Doch daß ich genossen des Wissens Frucht,
Das kannst du nicht mehr ändern.

Du kannst nicht ändern, daß ich weiß,
Wie sehr du klein und nichtig,
Und machst du dich auch noch so sehr
Durch Tod und Donnern wichtig . . .

O Gott, wie erbärmlich ist doch dies
Consilium abeundi u. s. w.

Der Vertriebene tröstet sich damit, daß es kein wahres Paradies gewesen, das er verloren, da es dort verbotene Bäume und eine Freiheitsbeschränkung gegeben habe.

Das Stärkste in dieser Beziehung leistet Heine in einem Privatbriefe, der freilich als solcher milder zu beurteilen ist. Als im Jahre 1848 die Revolution ihren Zug durch Europa machte, da schreibt er, der sich früher „vielleicht den entschiedensten aller Revolutionäre"*) genannt und in seinen Schriften in jeder Weise dem Umsturz vorgearbeitet hatte, an seinen Ver-

*) An Laube 7. 11. 1842.

leger*): „Das ist Universalanarchie, Weltkuddelmuddel, sichtbar gewordener Gotteswahnsinn! Der Alte muß eingesperrt werden, wenn das so fortgeht! Das haben die Atheisten verschuldet, die ihn toll geärgert.“ —

Die Person des Erlösers scheut sich Heine nicht mit den frivolsten, ja unzüchtigsten Dingen in Beziehung zu setzen; so läßt er die „Himmelsbräute“ klagen:

„Bräute Christi waren wir,
Doch die Weltlust uns bethörte,
Und da gaben wir dem Cäsar,
Was dem lieben Gott gehörte.

Ach, der Stirne, welche trug
Eine Dornenkrone weiland,
Gaben wir ein Hirschgeweihe —
Wir betrogen unsern Heiland.“ —

Cynischer noch ist die Schlußpointe des Gedichtes „Der Ungläubige“, wo Heine die Erzählung von Christus und Thomas durch eine Beziehung auf die gemeinste Buhlerei besudelt. —

Es ist zweifelhaft, ob uns solche Nichtswürdigkeiten in milderm oder ungünstigerm Lichte erscheinen, wenn wir sehen, daß es Heine keineswegs an Verständnis für die welterlösende Mission, ja auch nicht für die Persönlichkeit des Heilandes gebrach. „Welche süße Gestalt, dieser Gottmensch!“ läßt er sich in den Briefen aus Helgoland**) vernehmen. „Wie borniert erscheint in Vergleichung mit ihm der Heros des alten Testaments! Moses liebt sein Volk mit einer rührenden Innigkeit; wie eine Mutter sorgt er für die Zukunft dieses Volkes. Christus liebt die Menschheit, jene Sonne umflammte die ganze Erde mit den wärmenden Strahlen seiner Liebe. Welch' ein lindernder Balsam für alle Wunden dieser Welt sind seine Worte! Welch' ein Heilquell für alle Leidende war das Blut, welches auf Golgatha floß!“

Hier und weit mehr noch in der wahrhaft poetischen Vision „Frieden“, in welcher der Dichter den Heiland riesen-

*) An Campe 9. 7. 1848.

**) 18. 7. 1830.

groß, in weißem Gewande, die Menschheit segnend über das Meer gehn sieht, vernehmen wir nicht sowohl den Menschen, wie den Dichter Heine, dessen Phantasie der religiöse Stoff durch seine poetischen Reize mächtig erregt und hinreißt, ohne daß sein Herz dabei mitspricht. Weit häufiger noch wählt er jedoch heilige, göttliche Dinge für Zwecke der Satire, weil dann der Kontrast um so schneidender, der Witz effektvoller wird.

Dies scheint mir der innerste Grund zu sein, weshalb Heine in so auffallender Weise religiöse Stoffe in Vers und Prosa bevorzugt; wie wenig in solchen Fällen wirklich ein tieferes religiöses Gefühl bei ihm vorliegt, verraten fast immer bereits die nächsten Zeilen; so zerstört auch in jener Meeresvision der grimme Hohn des Epilogs völlig die reine Wirkung des schönen Friedenshymnus, und in jenem Helgoländer Brief geht ein frivoler Scherz über das Drama der Passion jener schönen Stelle über das Werk des Erlösers voraus; gleich im nächsten Briefe (vom 29. Juli) heißt es dann wieder: „Mit dem heiligen Geist hat es wohl am Ende dieselbe Bewandtnis, wie mit dem dritten Pferde, wenn man Extrapost reist; man muß immer dafür bezahlen und bekömmt es doch nie zu sehen, dieses dritte Pferd.“ — Gleich darauf folgt eine Verhöhnung der Dreieinigkeitslehre, die auch in der „Symbolik des Unsinns“*) von Heine verspottet wird.

In den Göttern Griechenlands bekennt der Dichter:

„Ich hab euch' niemals geliebt, ihr Götter!
Denn widerwärtig sind mir die Griechen,
Und gar die Römer sind mir verhaßt.
Doch heil'ges Erbarmen und schauriges Mitleid
Durchströmt mein Herz, ...
Und wenn ich bedenke, wie feig und windig
Die Götter sind, die euch besiegten,
Die neuen herrschenden tristen Götter,
Die Schadenfrohen im Schafspelz der Demut, —
O, da faßt mich ein düsterer Groll,
Und brechen möcht' ich die neuen Tempel
Und kämpfen für euch, ihr alten Götter“ . . . .

*) Vier Strophen des Gedichts, die dies ganz außer Zweifel setzen, wurden später von Heine selbst gestrichen. Karpeles' Gesamtausg. Bd. II S. 352.

Auch diese Stelle, die etwa ein Jahr nach Heines Taufe entstand, beweist, welche Empfindungen ihn der selbstgewählten Religion gegenüber beseelten.

Während derartige Ausfälle in des Dichters Schriften zwar fast überall, jedoch sonst mehr vereinzelt sich finden, hat er in der „Disputation“ durch glückliche Wahl des Stoffes es ermöglicht, sich von allem Gifte gegen Christen- und Judentum mit einem Schlage zu erleichtern, so zwar, daß jenes dabei weit übler fährt. Keiter macht darauf aufmerksam (a. a. O. S. 105), daß Heine hier sogar Voltaire überbietet, der denselben Vorwurf behandelt, die Scene jedoch nach China verlegt; dort sollen die armen Narren ins Tollhaus gesperrt werden, hier entscheidet die junge Königin, nachdem die beiden Kampfhähne in giftigen Stachelreden, Lästerungen und wüsten Schimpfereien sich erschöpft, das „Religionsgespräch“ mit dem salomonischen Urteilsspruch:

„Welcher Recht hat, weiß ich nicht —
Doch es will mich schier bedünken,
Daß der Rabbi und der Mönch,
Daß sie alle beide stinken.“ —

Wenn hier die Absicht des Dichters, den Fanatismus in seiner ganzen Häßlichkeit zu verspotten, den Blasphemieen viel von ihrer verletzenden Schärfe nimmt, so kann man nicht die gleiche Entschuldigung für ein Prosawerk Heines geltend machen, in dem er seine Angriffe gegen die „trübselige, blutrünstige Delinquentenreligion“ der Christen, mit ihren „geschundenen, gebratenen und gespießten Göttern(!)“ in anderer Form, doch mit noch stärkerem Cynismus führt. Was uns dies Machwerk, ich meine „die Stadt Lucca“, besonders widerwärtig macht, ist die ekelhafte Verquickung von Gottesdienst und gemeiner Buhlerei; die Kirche wird der Schauplatz für Lüsternheit und Kuppelei; mit feilen Dirnen treibt sich der unlängst getaufte Jude in Italiens herrlichen Domen umher, macht über die Altarbilder die unanständigsten Glossen, verspottet Kreuze und Grabsteine und entweiht heilige Stätten und heilige Handlungen durch Lästerung und Buhlerei; wer von Heines religiösem Empfinden noch immer eine günstige Meinung hat, der lese einmal aufmerksamer das

6. und 7. Kapitel der „Stadt Lucca".*) — Dieselbe Neigung Heines, die Kirche zum Schauplatz unzüchtiger Worte oder Handlungen zu machen, verrät das Gedicht „Im Dome". —

Die Idee des Christentums hat Heine stets grundfalsch aufgefaßt, und der Kampf dagegen, der mehr und mehr einen Teil seines schriftstellerischen Programms zu bilden beginnt, ist darum ein Kampf gegen Windmühlflügel. Nirgends spricht er von dieser vermeintlichen Idee wie von seinen eigenen religiösen Überzeugungen ausführlicher und mit größerem Anschein wissenschaftlichen Ernstes, als im ersten Buche seiner Schrift „Zur Geschichte der Religion und Philosophie in Deutschland" (1834). „Wir sehen überall die Lehre von den beiden Prinzipien hervortreten; dem guten Christus steht der böse Satan entgegen; die Welt des Geistes wird durch Christus, die Welt der Materie durch Satan repräsentiert; jenem gehört unsere Seele, diesem unser Leib; und die ganze Erscheinungswelt, die Natur, ist demnach ursprünglich böse, und Satan, der Fürst der Finsternis, will uns damit ins Verderben locken, und es gilt allen sinnlichen Freuden des Lebens zu entsagen, unsern Leib, das Lehen Satans, zu peinigen, damit die Seele sich desto herrlicher emporschwinge in den lichten Himmel, in das strahlende Reich Christi." — Diese Weltanschauung erklärt Heine für die eigentliche Idee des Christentums; in Wirklichkeit ist der dualistische Gegensatz von Geist und Materie, Licht und Finsternis vielmehr die von der Kirche stets eifrig bekämpfte und verdammte Ansicht der Gnostiker und Manichäer, deren indirekten Einfluß

*) Der Schluß des 6. Kapitels lautet:

„Franceska! rief ich, meine schöne, oftgeküßte, schlanke, katholische Franceska! für diese einzige Nacht, die du mir noch gewährst, will ich selbst katholisch werden — aber auch nur für diese einzige Nacht! O die schöne, selige, katholische Nacht! Ich liege in deinen Armen, strengkatholisch glaube ich an den Himmel deiner Liebe, von den Lippen küssen wir uns das holde Bekenntnis, das Wort wird Fleisch, der Glaube wird versinnlicht in Form und Gestalt! welche Religion! Ihr Pfaffen! Jubelt unterdessen euer Kyrie eleison, klingelt, räuchert, läutet die Glocken, laßt die Orgel brausen, laßt die Messe von Palestrina erklingen — Das ist der Leib! — ich glaube, ich bin selig, ich schlafe ein — . . ." Ist jemals ein Sakrament frecher blasphemiert worden?!

auf die Kirche Heine stark überschätzt. Er fährt fort: „Diese Weltansicht, die eigentliche Idee des Christentums, hatte sich unglaublich schnell über das ganze römische Reich verbreitet, wie eine ansteckende Krankheit, das ganze Mittelalter hindurch dauerten die Leiden, und wir Modernen fühlen noch immer Krämpfe und Schwäche in den Gliedern." Heine hofft nun, daß „der künstliche Hader, den das Christentum zwischen Leib und Seele gestiftet", zur Ruhe kommen werde und fährt fort: „Die glücklicheren und schöneren Generationen, die, gezeugt durch freie Wahlumarmung, in einer Religion der Freude emporblühen, werden wehmütig lächeln über ihre armen Vorfahren, die sich aller Genüsse dieser schönen Erde trübsinnig enthielten und durch Abtötung der warmen, farbigen Sinnlichkeit fast zu kalten Gespenstern verblichen sind! Ja, ich sage es bestimmt, unsere Nachkommen werden schöner und glücklicher sein als wir." Welche traurige Selbstironie im Munde eines Heine! und doch nennt Johannes Prölß in seinem jüngst erschienenen Buche „Das junge Deutschland" dies frivole Geschwätz „eine von Begeisterung eingegebene Prophetie!"*)

Im 2. Buche fährt Heine, nachdem er in seiner Weise allerlei Anekdötchen, Scherze, Hexengeschichten u. a. eingelegt, über dasselbe Thema folgendermaßen fort: „Die Menschheit ist aller Hostieen überdrüssig und lechzt nach nahrhafter Speise, nach echtem Brot und schönem Fleisch . . . — Die nächste Aufgabe ist gesund zu werden; denn wir fühlen uns noch sehr schwach in den Gliedern. Die heiligen Vampyre des Mittelalters haben uns so viel Lebensblut ausgesaugt. Und dann müssen der Materie noch große Sühnopfer geschlachtet werden, damit sie die alten Beleidigungen verzeihe. Es wäre sogar ratsam, wenn wir Festspiele anordneten und der Materie noch mehr außerordentliche Entschädigungsehren erwiesen. Denn das Christentum, unfähig die Materie zu vernichten, hat sie überall fletriert, es hat die edelsten (!) Genüsse herabgewürdigt, und die

---

*) Joh. Prölß, Das junge Deutschland. Stuttgart 1892 S. 180.

Sinne mußten heucheln und es entstand Lüge und Sünde.*) Wir müssen unsern Weibern neue Hemden und neue Gedanken anziehn und alle unsere Gefühle müssen wir durchräuchern wie nach einer überstandenen Pest.

Der nächste Zweck aller unserer neuen Institutionen ist solchermaßen die Rehabilitation der Materie, die Wiedereinsetzung derselben in ihre Würde, ihre moralische Anerkennung, ihre religiöse Heiligung, ihre Versöhnung mit dem Geiste."

Das also ist Heines neue Religion, das ist der Ersatz für das Christentum! Der Mann der Negation und des Umsturzes tritt endlich einmal mit positiven Vorschlägen als „Religionsstifter" auf, und welches sind diese Vorschläge? Die nackte Sinnenlust, gemeine sexuelle Ausschweifungen werden allen Ernstes zu einer Religionsvorschrift erhoben, der Materie sollen „große Sühnopfer" geschlachtet werden (offenbar durch „freie Wahlumarmungen"), und solchen Orgieen des Lasters soll die moralische Anerkennung, die religiöse Heiligung zu teil werden. Dem Christentum wirft Heine vor, daß es die Sünde, Lüge und Heuchelei in die Welt gebracht (dabei spricht er selbst offenbar mit Bewußtsein die Unwahrheit, denn zum wenigsten mußte er wissen, daß auch vor der christlichen Zeit schon Sünde und Lüge in der Welt waren), aber welche Verlogenheit und Heuchelei gehört dazu, durch sophistische Trugschlüsse und Rabulistenkünste die nackte Unsittlichkeit, die man selbst nicht meiden will oder kann, zu moralischer Anerkennung bringen zu wollen, das Laster zur Tugend zu stempeln und seine Ausübung (ähnlich wie es im altheidnischen Mylittadienste zu Babel geschah**) mit der Religion in Verbindung zu bringen! Auf Heine findet das Wort Emanuel Geibels seine treffendste Anwendung:

---

*) Dieselbe Anklage gegen das Christentum erhebt Heine in der „romantischen Schule 1833" zu Anfang des 1. Buches: „Ich spreche von jener Religion, durch deren unnatürliche Aufgabe ganz eigentlich die Sünde und Hypokrisie in die Welt gekommen."

**) Herodot, der davon erzählt (l. I c. 199), nennt dies „die schändlichste Sitte der Babylonier".

„Eins ist schlimmer noch als sündigen:
Sünd' als Tugend zu verkündigen.“ —

Für sein neues Evangelium macht Heine auch in seinen Dichtungen Propaganda, vor allem im 1. Kapitel des „Wintermärchens“; er faßt seinen Kern mit den kurzen Worten zusammen:

„Wir wollen hier auf Erden schon
Das Himmelreich errichten.“

Dies ist der Punkt, in dem Heines religiöses und politisches Glaubensbekenntnis dem Programm der Sozialdemokraten sich am meisten nähert. Schloß doch Bebel seine letzte große Reichstagsrede über die sozialdemokratischen Weltbeglückungsideen (am 3. Februar 1893) unter lebhaftem Beifall seiner Partei und großer Unruhe des Hauses mit den frivolen Heinischen Versen:

„Es wächst hienieden Brot genug
Für alle Menschenkinder,
Auch Rosen und Myrten, Schönheit und Lust
Und Zuckererbsen nicht minder.
Ja, Zuckererbsen für jedermann,
Sobald die Schoten platzen!
Den Himmel überlassen wir
Den Engeln und den Spatzen.“

Ohne weitern Übergang endete dann der Führer der deutschen Sozialdemokratie seine Rede mit den Worten: „Meine Herren, das ist unser Programm.“ — Bebel hat an Heine einen würdigen Gewährsmann gefunden, dieser in Bebels Nutzanwendung seiner Verse die angemessenste Empfehlung.

Noch zahlreiche andre Berührungspunkte von Heines Schriften mit sozialdemokratischen Ideen hat Keiter zusammengestellt,*) der nicht mit Unrecht behauptet, ein sozialdemokratischer Agitator der Gegenwart könne keine bessern aufwieglerischen Worte finden, als Heine sie seinem Ratcliff in den Mund legt:

„Einen Mann ergreift der Zorn,
Wenn er betrachtet, wie die Pfennigseelen,
Die Buben oft im Überflusse schwelgen,
In Samt und Seide schimmern, Austern schlürfen,

*) A. a. O. S. 32. 88. 107 f.

Sich in Champagner baden, in dem Bette
Des Doctor Graham ihre Kurzweil treiben,
In goldnen Wagen durch die Straßen rasseln
Und stolz herabsehn auf den Hungerleider,
Der mit dem letzten Hemde unterm Arm
Langsam und seufzend nach dem Leihhaus wandert."

Wie Heine sich übrigens sein „Himmelreich auf Erden" dachte oder richtiger was er sich von ihm versprach, das lehren uns die pathetischen Worte, die er den Terroristen der französischen Revolution zuruft und durch die er sie zu übertrumpfen gedenkt: „Wir stiften eine Demokratie gleichherrlicher, gleichheiliger, gleichbeseligter Götter. Ihr verlangt einfache Trachten, enthaltsame Sitten und ungewürzte Genüsse; wir hingegen verlangen Nektar und Ambrosia, Purpurmäntel, kostbare Wohlgerüche, Wollust und Pracht, lachenden Nymphentanz, Musik und Komödieen." —

Man könnte sich versucht fühlen diese lächerlichen Weltbeglückungsideen für den tollen Scherz eines Satirikers anzusehn, der insgeheim über die Naivität leichtgläubiger Thoren sich lustig machte; dann müßten wir aber den größten Teil von Heines gesamter Schriftstellerei so beurteilen, denn jene Stelle findet sich in dem ernsthaftesten und verhältnismäßig gründlichsten seiner Werke,*) er wiederholt sie zehn Jahre später als „Programm" in dem „Ankampf gegen das Bestehende", in dem Fragmente seiner „Briefe über Deutschland",**) und seine übrigen Werke in Vers und Prosa sind von ähnlichen Ideen ganz durchtränkt. Auch würde Heine selbst aufs nachdrücklichste gegen eine Kritik sich verwahrt haben, die seine umfangreichen Schriften über Politik, Religion und Philosophie für lustiges Geschwätz eines Dichters von Phantasie und Laune genommen hätte; wie ernst jedenfalls seine Lehren von gewisser Seite aufgefaßt werden, beweist zur Genüge die öffentliche Berufung des Führers der deutschen Sozialdemokratie auf seine Autorität.

---

*) „Zur Geschichte der Religion und Philosophie in Deutschland", Buch II.
**) Aus dem Nachlaß mitgeteilt, Karpeles VIII 244.

In der That war Heine eitel genug sich für einen großen Politiker zu halten und den Volkstribunen spielen zu wollen, ja er hatte den lächerlichen Ehrgeiz, als eine Art von Religionsstifter sich zu gerieren, wenn auch, wie wir gesehn, als Stifter einer Religion der Unsittlichkeit. Sein „Deutschland, ein Wintermärchen“ ist das „neue, das bessere Lied“, das er dem „alten Entsagungslied, dem Eiapopeia vom Himmel“ entgegenstellt, in ihm verkündet er die frohe Botschaft von der Errichtung seines Himmelreiches auf Erden. In einer Stelle dieser Dichtung, die vielleicht den Gipfel von Heines Blasphemieen bezeichnet, stellt er sich darum gar dem Welterlöser gleich; beim Anblick eines Kruzifixes am Wege bricht er in die Worte aus:

„Mit Wehmut erfüllt mich jedesmal
Dein Anblick, *mein armer Vetter*,
Der du die Welt erlösen gewollt,
Du Narr, du Menschheitsretter.“ —

Die unsinnige Eitelkeit des Dichters, die sich hier bis zur Höhe des Selbstvergötterungswahns versteigt, hatte schon während seiner Berliner Studienzeit in der übel verstandenen*) Hegelschen Philosophie Nahrung gefunden. In seinen „Geständnissen“ erzählt Heine: „Ich war nie abstrakter Denker, und ich nahm die Synthese der Hegelschen Doktrin ungeprüft an, da ihre Folgerungen meiner Eitelkeit schmeichelten. Ich war jung und stolz, und es that meinem Hochmut wohl, als ich von Hegel erfuhr, daß nicht, wie meine Großmutter meinte, der liebe Gott im Himmel residiert, sondern *ich selbst hier auf Erden der liebe Gott sei* . . . War ich doch selber jetzt das lebende Gesetz der Moral und der Quell alles Rechtes und aller Befugnis. Ich war die Ursittlichkeit (man verlese sich nicht!), ich war *unsündbar*, ich war die inkarnierte Reinheit; die an-

*) Er selbst bekennt in seinen „Geständnissen“: „Ehrlich gesagt, selten verstand ich Hegel, und erst durch späteres Nachdenken gelangte ich zum Verständnis seiner Worte. Ich glaube, er wollte gar nicht verstanden sein und daher sein verklausulierter Vortrag, daher vielleicht auch seine Vorliebe für Personen, von denen er wußte, daß sie ihn nicht verständen.“ Ob Hegels Vorliebe für Heine, der sich ja seines vertrauteren Umganges rühmt, auch auf diesen Grund zurückzuführen war?

rüchigsten Magdalenen wurden purificiert durch die läuternde und sühnende Macht meiner Liebesflammen u. s. w."

Trotz des Tones cynischer Ironie ist dieses Geständnis für Heines moralische Anschauungen nicht ohne Bedeutung. Der Begriff des Unsittlichen, Sündhaften, Pflichtwidrigen ist für ihn so gut wie aufgehoben. Seine Moral ist das absolute Sichgehnlassen, oder wie die moderne Phrase lautet, das Ausleben (Bejahen!) der Individualität, d. h. die rücksichtslose Befriedigung aller Triebe.

Seine Handlungen richten sich nicht nach den Gesetzen der Moral, sondern seine Moral nach seinen Handlungen; was er thut, ist in jedem Falle recht, ob auch sinnliche Leidenschaft oder niedrige Selbstsucht die Triebfeder war, und es handelt sich nur noch darum, durch raffinierte Sophismen nicht etwa die That zu entschuldigen, sondern sie als Ausfluß einer höheren Intelligenz, einer der Zeit vorausgeeilten aufgeklärteren Weltanschauung der blöden Beschränktheit spießbürgerlicher Moral gegenüber als bewunderungs- und nachahmenswert erscheinen zu lassen.

Selten hat ein Dichter von Heines Bedeutung so konsequent dem Grundsatze Tassos gehuldigt: „Erlaubt ist, was gefällt." Zu thun, was sich ziemt, ist ihm das Zeichen von Dummheit oder Heuchelei; das völlige Sichgehnlassen in moralischer Beziehung ist die wahre Moral; dagegen ist der Kampf gegen die sinnliche Natur, die sittliche Arbeit des Menschen an sich, weil sie schließlich immer auf Lüge und Heuchelei beruhe, die eigentliche Sünde, die nach Heine das Christentum in die Welt gebracht hat. Darüber lesen wir im letzten Kapitel des „Wintermärchens" folgende Offenbarungen:

„Das alte Geschlecht der Heuchelei
Verschwindet, Gott sei Dank, heut,
Es sinkt allmählich ins Grab, es stirbt
An seiner Lügenkrankheit.

Es wächst heran ein neues Geschlecht,
Ganz ohne Schminke und Sünden,
Mit freien Gedanken, mit freier Lust —
Dem werde ich alles verkünden."

Von den litterarischen Erzeugnissen des „jungen Deutschland“ geben einige bereits recht interessante Proben, wie das neue Geschlecht mit freier Lust und ohne Schminke und Sünde sein Himmelreich auf Erden sich dachte. Eine eigene Untersuchung verdiente es vielleicht, inwieweit neuerdings Friedrich Nietzsche von Heine, den er als „europäisches Ereignis“ bezeichnet, beeinflußt ist; wofern man nicht etwa meint, daß über Nietzsche schon zu viel und zu ernsthaft geschrieben sei und seine Weltanschauung, als auf einer eigentümlichen Form von „moral insanity“ beruhend, mehr den Pathologen als den Philosophen interessiere. Jedenfalls ist die Betonung der Souveränität des höherbegabten Individuums, das autonom seinen Instinkten und Begierden folgen dürfe, die Verwirrung, bezw. Aufhebung der Begriffe gut und böse beiden gemeinsam, ja selbst das Sprunghafte der Darstellung und der verführerische Reiz der Sprache. Wie eine letzte Konsequenz Heinischer Ideen erscheint uns Nietzsches Grundsatz: „Nichts ist wahr, alles ist erlaubt“ — wie eine groteske Steigerung Heinischer Aussprüche, Stellen wie die folgende: „Die letzte Moral, die sich auch uns noch hörbar macht, ist . . . daß wir nicht wieder zurückwollen in das, was uns als überlebt und morsch gilt, in irgend etwas „Unglaubwürdiges“, heiße es nun Gott, Tugend, Wahrheit, Gerechtigkeit, Nächstenliebe . . . daß wir feind sind jeder jetzigen Art Glauben und Christlichkeit, feind dem Halb und Halben aller Romantik und Vaterländerei“ u. s. w. „Wir Immoralisten, wir Gottlosen von heute“ sind „Vollstrecker eines pessimistischen Willens, der sich nicht davor fürchtet, sich selbst zu verneinen, weil er mit Lust verneint. In uns vollzieht sich, gesetzt daß ihr eine Formel wollt, die Selbstaufhebung der Moral.“ (Nietzsche Morgenröte S. 10.) — Doch es mag hier der Hinweis auf diese meines Wissens bisher nicht bemerkte Geistesverwandtschaft genügen. —

Das bequeme Dogma von der eigenen Unsündbarkeit läßt in Heine Gewissensskrupel, zu denen er überhaupt durchaus keine Anlage besitzt, nicht aufkommen. „Gewährt man mir“, schreibt er mit frivolem Scherze, „die Wahl zwischen einem bösen Gewissen und einem bösen Zahn, so wähle ich ersteres"*). Und in seinem Buche über Börne (1840) bekennt er: „Nach tiefster Selbstprüfung kann ich mir das Zeugnis geben, daß niemals meine Gedanken und Handlungen in Widerspruch geraten mit der Moral, mit jener Moral, die meiner Seele eingeboren, die vielleicht meine Seele selbst ist, die beseelende Seele meines Lebens. Ich gehorche fast passiv(!) einer sittlichen Notwendigkeit . . ." Und am Abend seines Lebens sagt Heine in der Vorrede zu seinen Memoiren:**) „Die Hülle fällt ab von der Seele, und du kannst sie betrachten in ihrer schönen Nacktheit. Da sind keine Flecken, nur Wunden." — Ein eigentliches Schuldbewußtsein und das Gefühl der Reue scheint der Dichter gar nicht gekannt zu haben.***)

Wie seiner Moral fehlte seiner ganzen Lebensphilosophie jeder feste Halt und Anker; kein Wunder, das sie in den Stürmen eines bewegten Lebens den kläglichsten Schiffbruch erlitt.

Heines Behandlung der deutschen Philosophie (in dem Buche „Zur Geschichte der Religion und Philosophie in Deutschland") zeichnet sich durch dieselbe Tiefe und Gründlichkeit aus, mit welcher der Dichter über Musik, Malerei, Religion, Politik, die soziale Frage, über weltliche und göttliche Dinge so zuversichtlich und überlegen zu reden weiß. „Welcher bedeutende Mensch ist nicht ein bischen Charlatan?" fragt er bezeichnend genug in seinen Memoiren.†)

Die Oberflächlichkeit und teilweise Verkehrtheit von Heines Darstellung der deutschen philosophischen Systeme hat schon Gustav Pfizer des breiteren nachgewiesen††), und bei des Dichters Folgerungen aus der Hegelschen Doktrin konnte man sich selbst bereits davon überzeugen. An dieser Stelle wollen wir uns bescheiden zu prüfen, was Heine aus Kants „Kritik der reinen

*) Im 1. seiner Briefe über die französ. Bühne an Lewald (Mai 1837).

**) Engel S. 15.

***) Stellen wie den frivolen Widerruf in der Vorrede zur letzten französ. Ausgabe der Reisebilder (vgl. S. 168) wird man kaum dafür ansehn wollen.

†) Engel S. 121.

††) G. Pfizer, Heines Schriften und Tendenz. Deutsche Vierteljahrsschrift 1838 I 219 ff.

Vernunft" herausliest. Weil dieser hier die sämtlichen drei theoretischen Beweise für das Dasein Gottes als hinfällig erweist, folgert Heine mit auffallendem Mangel an Logik (oder Wahrheitsliebe?), Kant habe die Nichtexistenz Gottes erwiesen. Er erklärt seine „Kritik der reinen Vernunft" für „das Schwert, womit der Deismus hingerichtet worden in Deutschland".*) Kurz vorher sagt er: „Von dieser Katastrophe, von dem 21. Januar des Deismus sprechen wir im folgenden Stücke. Ein eigentümliches Grauen, eine geheimnisvolle Pietät erlaubt uns heute nicht weiter zu schreiben. Unsere Brust ist voll von entsetzlichem Mitleid — es ist der alte Jehovah selber, der sich zum Tode bereitet .... Hört ihr das Glöckchen klingeln? Knieet nieder — man bringt die Sakramente einem sterbenden Gotte."

Wieder der ganze Heine! kann man heuchlerischer, kann man frivoler sich äußern?

Die beste Widerlegung so thörichter Folgerungen, Kants Kritik der praktischen Vernunft, in welcher der große Philosoph bekanntlich die Existenz eines höchsten Wesens nicht nur nicht leugnet, sondern für ein Postulat der praktischen Vernunft erklärt, ist für Heine „eine Farce", die Kant „vielleicht auch der Polizei wegen unternommen". Liegt doch für ihn das Hauptinteresse an der deutschen Philosophie darin, daß durch sie „die heutige Religion aufs Haupt geschlagen sei," „nur noch ein mechanisches Leben führe, wie eine Fliege, der man den Kopf abgeschnitten", und daß „mit dem Umsturz der alten Glaubensdoktrinen auch die ältere Moral entwurzelt sei".**) Mit sichtlichem Wohlbehagen versichert er in den „Geständnissen": „Es ist nicht meine Schuld, daß die deutsche Philosophie just das Gegenteil ist von dem, was wir bisher Frömmigkeit und Gottesfurcht nannten und daß unsere modernsten Philosophen den vollständigsten Atheismus als das letzte Wort unserer deutschen Philosophie proklamierten."

*) A. a. O. III Buch z. A.

**) Briefe über Deutschland. Karpeles VIII S. 242 f.

Vergeblich versucht jedoch Heine seinen eigenen Atheismus als Frucht philosophischer Skepsis darzustellen; wir erkennen vielmehr deutlich, daß er der angebornen Freude an der Negation und dem Wunsche mit der Religion auch zugleich die Moral über Bord werfen zu können entstammte; hatte man Heine doch, wie wir gesehn, schon als Knaben der Gottesleugnung angeklagt! Ebensowenig ist Heines Abwendung vom Atheismus das Ergebnis religiös-philosophischer Studien, sondern allein auf äußere Anlässe zurückzuführen; er schildert uns diese seine „Bekehrung“ in naiv-humoristischer Weise folgendermaßen:*) „Solange solche Doktrinen noch Geheimgut einer Aristokratie von Geistreichen blieben und in einer vornehmen Coteriesprache besprochen wurden, welche den Bedienten, die aufwartend hinter uns standen, während wir bei unsern philosophischen Petits-soupers blasphemierten, unverständlich war — so lange gehörte auch ich zu den leichtsinnigen Esprits forts, wovon die meisten jenen liberalen Grands-Seigneurs glichen, die kurz vor der Revolution mit den neuen Umsturzideen die Langeweile ihres müßigen Hoflebens zu verscheuchen suchten. Als ich aber merkte, daß die rohe Plebs, der Janhagel, ebenfalls dieselben Themata zu diskutieren begann in seinen schmutzigen Symposien, wo statt der Wachskerzen und Girandolen nur Talglichter und Thranlampen leuchteten, als ich sah, daß Schmierlappen von Schuster- und Schneidergesellen in ihrer plumpen Herbergssprache die Existenz Gottes zu leugnen sich unterfingen, als der Atheismus anfing sehr stark nach Käse, Branntwein und Tabak zu stinken: da gingen mir plötzlich die Augen auf, und was ich nicht durch meinen Verstand begriffen hatte, das begriff ich jetzt durch den Geruchssinn, durch das Mißbehagen des Ekels, und mit meinem Atheismus hatte es, Gottlob! ein Ende.“ — — In der That eine scherzhafte Art Philosophie zu treiben! Die wichtigste Frage der Menschheit, „die große Gottesfrage“ muß der Geruchssinn lösen, die Nase wird das Organ für philosophische Erkenntnis! —

*) In den „Geständnissen“, Karpeles VII S. 458 f.

Als weitern Grund für seine Abwendung vom Atheismus giebt Heine die Furcht vor dem mit ihm im Bunde stehenden Kommunismus an. Wieder also wird seine philosophische Überzeugung durch die Rücksicht auf äußere, mit der Spekulation in keinem Zusammenhange stehende Erwägungen beeinflußt. Doch sollten dies die wahren und letzten Gründe sein, die Heine, der sich sein lebenlang so redlich bemüht hatte, Irreligiosität zu verbreiten, oder wie er sagt,*) „in Deutschland, wo man stockreligiös sei, die Gefühle in Religionsmaterieen zu emancipieren," am Abend seines Lebens zum Gottesglauben zurückführten? Wir werden gutthun nach wirksameren Anlässen uns umzusehn und finden ohne Zweifel den wichtigsten in der entsetzlichen, qualvollen, vieljährigen Krankheit des Dichters, obwohl er sichtlich dieses Grundes für seine Bekehrung sich schämt und durch Spöttereien und ironisierende Wendungen ihn zu bemänteln sucht. Wie er bei der Besprechung von Schellings Abwendung vom Pantheismus diese und ähnliche „Bekehrungsgeschichten" ins Gebiet der Pathologie verweist und „kein Rühmens davon gemacht" wissen will, so schließen wir bei seiner eigenen religiösen Wandlung auf dem Krankenbette mit größerer Berechtigung auf einen pathologischen Hintergrund, und man thut gleichfalls gut nicht viel Rühmens von ihr zu machen. Die fast beständige Einsamkeit, die schlaflosen Nächte, die unerträglichen Schmerzen und der unausgesetzt auf die Beschäftigung mit großen Dingen gerichtete und im Schauder vor der Vernichtung**) erbebende Geist machen uns seine Einkehr und innere Wandlung psychologisch wohl begreiflich; „in der Krankheit hat man den lieben Gott nötig, in der Gesundheit vergißt man ihn"***) — gestand Heine aufrichtig, und er ist wahrlich nicht der erste, der diese Erfahrung gemacht hat. „In

*) An Varnhagen 19. 11. 1830.

**) Schluß des Nachwortes zum Romancero: „Wie sträubt sich unsere Seele gegen den Gedanken des Aufhörens unserer Persönlichkeit, der ewigen Vernichtung!"

***) „Erinnerung an H. Heine" von S—d, Westermanns Monatshefte Bd. V S. 265.

der That, es ist seit einiger Zeit eine religiöse Reaktion bei mir eingetreten", äußerte er zu Alfred Meißner*) im Januar 1849, also etwa ein Jahr nach seiner hoffnungslosen Erkrankung. „Weiß Gott, ob das mit der Morphine, ob mit den Kataplasmen zusammenhängt. Es ist so. Ich glaube wieder an den persönlichen Gott! Dahin kommt man, wenn man krank ist, todkrank und gebrochen! Machen Sie mir kein Verbrechen daraus!" Und in einem erst unlängst veröffentlichten Briefe an Mignet**) genau derselben Zeit (vom 17. Jan. 1849) schreibt er: „Selbst auf die Gefahr als ein Dummkopf zu erscheinen, will ich Ihnen nicht länger das große Geheimnis meiner Seele vorenthalten: ich habe den deutschen Atheismus im Stich gelassen und bin im Begriff, mich dem alltäglichsten Glauben zu überliefern. Ich fange an der Überzeugung zu werden, daß ein ganz kleines Stückchen von Gott einem armseligen Menschenkinde nicht schaden könnte, wenn es sieben Monate lang auf dem Rücken liegt, gepeinigt von den schrecklichsten Qualen."

Ähnliche direkte Zeugnisse aus Heines Munde sind noch mehrfach vorhanden, doch schon das zeitliche Zusammenfallen seiner Sinnesänderung mit der klaren Überzeugung von der Unheilbarkeit seiner Krankheit läßt in dieser die äußere Veranlassung zu seiner „Bekehrung" vermuten; die innere Anregung dazu verdankt er jedoch einem Buche, das im Leben aller größten deutschen Dichter die allergrößte Rolle gespielt hat — der Bibel, für die Heine allezeit, schon um ihrer hohen poetischen Vorzüge willen, eine hohe Bewunderung hegte,***) und aus der er sich in seiner Krankheit fast täglich vorlesen ließ. Er bekennt in seinen „Geständnissen": „Die Wiedererweckung meines religiösen Gefühls verdanke ich jenem heiligen

*) A. Meißner, Revolutionäre Studien aus Paris. 1849. S. 192 f.

**) Die „Tägliche Rundschau" machte auf diesen Brief Heines aufmerksam, der in der kürzlich erschienenen Lebensbeschreibung Mignets von Ed. Petit mitgeteilt wird.

***) Vgl. besonders die Briefe aus Helgoland, vom 8. bis 29. Juli 1830. (Über Börne, Buch II.)

Buche, und dasselbe ward für mich ebenso sehr eine Quelle des Heils als ein Gegenstand der frömmigsten Bewunderung. Sonderbar! Nachdem ich mein ganzes Leben hindurch mich auf allen Tanzböden der Philosophie herumgetrieben, allen Orgieen des Geistes mich hingegeben, mit allen möglichen Systemen gebuhlt, ohne befriedigt worden zu sein, wie Messaline nach einer liederlichen Nacht — jetzt befinde ich mich plötzlich auf demselben Standpunkt, worauf auch der Onkel Tom steht, auf dem der Bibel, und ich kniee neben dem schwarzen Betbruder nieder in derselben Andacht. — Welche Demütigung! Mit all meiner Wissenschaft habe ich es nicht weiter gebracht als der arme unwissende Neger, der kaum buchstabieren gelernt!"

Die spöttischen Sarkasmen, die Heine hier wie fast immer bei ähnlichen Erklärungen folgen läßt und die so viele (wie A. Meißner, Fanny Lewald, Reiter) an seiner Sinnesänderung gänzlich irre gemacht haben, scheinen mir keineswegs die Glaubwürdigkeit jener Geständnisse zu erschüttern; derartige Spöttereien und Selbstironisierungen erklären sich aus der ganzen Naturanlage wie besonders dem immer noch ungebrochenen Stolze des Dichters, dem ein bedingungsloser, dem Anscheine nach von Todesfurcht erpreßter Widerruf nach einem Leben titanischen Göttertrotzes zu demütigend erschien und der etwaigem Spott früherer Gesinnungsgenossen durch Spott zuvorkommen wollte. — Vergleicht sich doch der ans Krankenlager Gefesselte mit Prometheus, dem „die Götter grollen, weil er den Menschen einige Nachtlämpchen, einige Pfennigslichtchen mitgeteilt" *); wenn aber der Äschyleische Prometheus, wie wir annehmen müssen, zur Erkenntnis der unentrinnbaren Macht und überlegenen Weisheit der Götter gelangt und durch völlige Unterwerfung Erlösung findet, so möchte der moderne Prometheus wenigstens den Schein retten. So bezeichnet Heine die frechen Religionsspöttereien in seinen früheren Schriften bald als „giftiges Unkraut", bald verfällt er wieder in den alten Ton, der uns indessen manchmal etwas erkünstelt vorkommen will, gegenüber

*) An Campe, 21. 8. 1851.

den erschütternden Naturlauten verzweifelter Klage, die unerträgliche, als Strafe des Himmels empfundene Qualen oft mit elementarer Gewalt hervorbrechen lassen. Wie anders klingen diese Schmerzensschreie als die poetischen Jugendklagen des Sängers mit dem verblutenden Herzen! „Ich lache vor Schmerz und knirsche mit den Zähnen, ich werde verrückt,“ — schreibt er an die Mouche,*) und an Dr. Wertheim:**) „Mein Zustand ist so tragisch, daß ich selber anfange, Mitleiden mit mir zu haben . . . Die Hand Gottes liegt schwer auf mir; doch — sein heiliger Wille geschehe!“ Einer der letzten Briefe,***) vielleicht der letzte, den der Dichter schrieb, endigt mit dem erschütternden Klageruf: „Tiefster Jammer, dein Name ist — Heinrich Heine;“ und am Ende der „Geständnisse“ bekennt er, der „deutsche Aristophanes“, welchen furchtbaren Spott der große „Aristophanes des Himmels mit ihm treibe. „Ach! der Spott Gottes lastet schwer auf mir . . . Ja, die Lauge der Verhöhnung, die der Meister über mich herabgeußt, ist entsetzlich, und schauerlich grausam ist sein Spaß. Demütig bekenne ich seine Überlegenheit, und ich beuge mich vor ihm im Staube.“

Und wenn auch der Charakter Heines trotzdem im wesentlichen der alte blieb, ja der rachsüchtige Zug seines Wesens durch Leid und Verbitterung eher gesteigert als gemildert wurde und seine Frivolität bis zum letzten Lebenstage ihn nicht verließ,†) so dürfen wir doch nicht im mindesten zweifeln, daß er, zwar nicht zu einer der positiven Religionen, wohl aber zum Glauben an einen persönlichen Gott zurückkehrte. Als ausschlaggebendes Zeugnis scheint mir dafür des Dichters Testament vom Jahre 1851 zu sprechen, weil er hier ohne die leiseste Spur von Scherz, der seine sonstigen Bekenntnisse begreiflicherweise immer verdächtig macht, in klarster Form und feierlich ernstem Tone über seine religiösen Überzeugungen sich ausspricht. „Seit

*) Engel a. a. O. S. 333.

**) 15. 3. 1850.

***) Engel S. 339.

†) Einige Stunden vor seinem Tode antwortete Heine bekanntlich auf die Frage, wie er mit Gott stehe: „Dieu me pardonnera, c'est son métier.“

vier Jahren", heißt es hier, — so lange währte damals des Dichters Krankheit — „habe ich allem philosophischen Stolze entsagt und bin zu religiösen Ideen und Gefühlen zurückgekehrt; ich sterbe im Glauben an einen einzigen ewigen Gott, den Schöpfer der Welt, dessen Erbarmen ich anflehe für meine unsterbliche Seele. Ich bedaure in meinen Schriften zuweilen von heiligen Dingen ohne die ihnen schuldige Ehrfurcht gesprochen zu haben, aber ich wurde mehr durch den Geist meines Zeitalters (?) als durch meine eigene Neigung fortgerissen. Wenn ich unwissentlich (?) die guten Sitten und die Moral beleidigt habe, welche das wahre Wesen aller monotheistischen Glaubenslehren ist, so bitte ich Gott und die Menschen um Verzeihung." —

Wohl hat diese späte „Heimkehr" des Dichters, der, wenn er gefehlt, auch schwer gebüßt, für unser Gemüt etwas Versöhnendes, wohl kann uns seine heroische Ausdauer in schwersten Leiden mit Bewunderung erfüllen, ja mit stolzer Genugthuung und erhabener Rührung, da der Vorkämpfer der Emancipation des Fleisches — todsiech, doch ungebrochenen Geistes — aufs glänzendste den Triumph des Ewigen über das Zeitliche, des Geistes über die Materie offenbarte: den Schriften Heines wird aber dadurch von ihrer Gefährlichkeit, von dem unheilvollen Gifthauch, den sie atmen, nicht das mindeste genommen. Was weiß der Durchschnittsleser davon, daß der Dichter selbst seine Äußerungen über religiöse Dinge in seinem Hauptwerke über Deutschland „ebenso falsch wie unbesonnen" nennt,*) daß seine politischen Ansichten, unklar und widerspruchsvoll, wie sie sind, bald auf sozialdemokratische Utopieen, bald auf einen jede Staatsform negierenden Nihilismus hinauslaufen,**) daß seine Darstellung der deutschen philosophischen Systeme nach eignem Geständnis „die sündhaftesten Irrtümer enthält"?***) Von hundert Lesern, die sich dem prickelnden Genuß der witzigen

*) In der Vorrede zur 2. Auflage.

**) Alfr. Meißner gewann aus Heines Äußerungen die Überzeugung, daß er „an gar keine Staatsform glaubte". (A. Meißner, H. Heine S. 100.)

***) „Geständnisse"; Karpeles' Ausg. Bd. VII S. 469.

Frivolitäten von Heines „Reisebildern“ hingeben, kennt wohl kaum einer die Vorrede zur letzten französischen Ausgabe dieses Werkes,*) in welchem der Autor sich folgendermaßen vernehmen läßt: „Nur mit großer Bekümmernis denke ich an die vielen thörichten wie gottlosen Stellen, an das giftige Unkraut, das im Buche fortwuchert. — Um es auszureuten, müßte man den ganzen Geisteswald, worin sie wurzeln, umhacken, und ach! solche gedruckte Wälder sind nicht so leicht umzuhauen wie eine gewöhnliche Götzeneiche. Sie sollen ewig stehen bleiben, blühende Denkmäler unserer Verirrungen, und die Jugend mag sich nächtlich darin herumtummeln und ihre Spiele treiben mit den spukenden Dryaden, Satyrn und sonstigen Heidenböcken der Sinnenlust! Ich falte andachtsvoll meine Hände, wie alte Sünder thun, wenn ihnen nichts anders übrig bleibt wie Reue und Entsagung.“

Es ist gut, wenn derartige Widerrufe bekannter werden; enthalten sie doch trotz der — man möchte sagen — naiven Frivolität des Tons das eigene Geständnis Heines über die Verfehltheit und Verderblichkeit seiner Hauptschriften; dem „giftigen Unkraut“ selbst wird jedoch dadurch nur wenig von seiner Gefährlichkeit genommen; der dämonische Reiz eines durch zügellose Phantasie, glänzenden Witz und kecke Cynismen prickelnden Stils hat für oberflächliche, nach Pikanterieen lüsterne Leser etwas unwiderstehlich Anziehendes, und der Verfasser der „Reisebilder“ und des „Buches der Lieder“ bleibt zum wenigsten der Halbgott der Halbgebildeten.

Heines Schriften wären bei allen Reizen der Form ungefährlich, wenn sie lauter Unrichtiges und Verkehrtes enthielten; mit höchster Meisterschaft übt er jedoch die Kunst, wenige Tropfen Wahrheit mit einer solchen Flut von Halbwahrem und Ganzfalschem zu mischen und durch den Zauber einer blendenden Darstellung dies eigenartige Produkt litterarischer Giftmischerei in so verführerischer Beleuchtung zu zeigen, daß die Jugend sich am Mimirtrank göttlicher Weisheit zu berauschen wähnt, wo der

*) Sie wurde erst aus dem Nachlaß veröffentlicht, Karpeles III S. XXI.

Vergleich mit den Elixiren des Teufels näher läge. In der That, die Worte, die Mephistopheles dem Schüler ins Stammbuch schreibt, um ihn zu verwirren und zu thörichter Überhebung zu verleiten: „Eritis sicut deus scientes bonum et malum“ — sie umgaukeln den jugendlichen Leser der Heinischen Schriften beständig mit verführerisch lockendem Reiz; und wenn Heine im „Wintermärchen“ von seinen Büchern spottend sagt: „Glaubt mir, in Satans Bibliothek kann es nicht schlimmre geben,“ — so haben diese Worte bei aller scherzhaften Übertreibung im Sinne der sittlichen Gefährdung doch auch ihre ernste Seite.

„Ein schrilles Gemisch von Unsinn und Weisheit, eine bunte vergiftete Suppe, die nach Sauerkraut schmeckt und nach Orangenblüten riecht“ *) — nennt Heine seine nächtlichen Träume auf einem Eckstein der Rue Lafitte an einem feuchten Herbstabend, wenn der Mond auf das schmutzige Boulevardpflaster herabstrahlt mit langen Streiflichtern, so daß der Kot vergoldet erscheint, wo nicht gar mit blitzenden Diamanten übersät. Unübertrefflich hat er damit, wie gleich nach dem Bekanntwerden dieser Stelle ein Kritiker bemerkte,**) einen großen Teil seiner Werke charakterisiert. Und wenn er seinem Freunde Varnhagen über seinen „Atta Troll“ die Worte in den Mund legt:***)

„Wahnsinn, der sich klug gebärdet!
Weisheit, welche überschnappt!
Sterbeseufzer, welche plötzlich
Sich verwandeln in Gelächter!“ —

so kennzeichnet er auch damit aufs treffendste Geist und Gehalt vieler seiner Schöpfungen: vergoldeter, wohl gar mit blitzenden Diamanten übersäter Kot, übergeschnappte Weisheit, klug sich gebärdender Wahnsinn. — —

Bei alledem lockt Heines Muse, reizvoll und verderblich wie ihr Sinnbild, die Lorelei, mit berückendem Sirenengesang

---

*) Über Börne, Buch 5, a. E.

**) Mainzer Unterhaltungsblätter 29. 8. 1840.

***) Atta Troll Kap. 27.

in ihren gefährlichen Zauberbann; durch das Brillantfeuerwerk seiner Prosa weiß der Dichter, wenn nicht zu erleuchten und zu erwärmen, so doch zu blenden, und durch sein stärkstes Talent, die Gabe unfehlbaren Witzes, stets die Lacher auf seine Seite zu ziehn und sich die Miene überlegener Weisheit zu geben, selbst wo er das unreifste, widersinnigste Zeug vorbringt; kein Wunder, daß er wie ein neuer Rattenfänger von Hameln durch seine lockenden Weisen kleine und große Kinder bethört, ihre geistige Gesundheit, Geschmack und Sittlichkeit gefährdet und besonders jugendliche Gemüter mit einer dünkelhaften Verachtung alles Großen, Edlen, Heiligen erfüllt, so daß der reine Stahl tüchtiger Gesinnungen von der ätzenden Lauge seines Spottes allmählich zerfressen und durchlöchert wird.

So ist Heine zwar eine der interessantesten Erscheinungen unserer, ja der gesamten Weltlitteratur, doch ein Schriftsteller von weit überwiegend schädlichem Einfluß, ja eine durchaus nicht zu unterschätzende nationale Gefahr, kein Leitstern für unser Volk, sondern ein verführerisches Irrlicht.

Heine ein Denkmal setzen hieße jenen heidnischen Völkern gleichen, die auch schädlichen Gottheiten, den Dämonen des Verderbens und der Zerstörung, Tempel und Götzenbilder weihten.

Zu S. 23 Z. 8 ff. Daß ausnahmsweise beide Vorgänge für wenige Tage zusammentreffen können, ist mir nicht unbekannt, doch wer hat sie je gleichzeitig wahrgenommen? Unzweifelhaft fällt nach allgemeiner Erfahrung der Sang der Nachtigall in den Frühling, während die Lindenblüte für den Beginn des Sommers charakteristisch ist.